BBQ

DIE OUTDOOR-COOKING-BIBEL

BBQ

101 TOPREZEPTE
VON
PETER DE CLERCQ

Hölker Verlag

INHALT

01

02

03

05

Elckerlijc

Elckerlijc
Grill-restaurant

/ EINLEITUNG

01

25

Jahre

FEUER

Wenn ich an meine Kinder denke, bin ich erfüllt von einer inneren Ruhe. Von außen wirkt es so, als wäre ich ein harter Kerl, und ich gebe zu, dass ich oft ein ziemlicher Macho bin. Aber eigentlich habe ich einen weichen Kern.

FÜNFUNDZWANZIG JAHRE FEUER

Rund um mein Handgelenk habe ich mir die Namen meiner Frau und meiner Kinder eintätowieren lassen, wie ein Armband des Lebens. Darüber stehen ihre Tierkreiszeichen. In diesem einen Tattoo ist alles enthalten, was ich bin: durch und durch ein Familienmensch, dessen Lieben immer an erster Stelle stehen.
Ohne die Unterstützung und die Liebe meiner Frau Annouk, meiner Töchter Naomi und Axelle und meines Sohns Noa könnte das Restaurant Elckerlijc dieses Jubiläum vielleicht gar nicht feiern.

– Annouk ist zweifelsohne die tragende Säule des Geschäfts und meines Lebens. Ich bin ein kreativer Träumer, stets auf der Suche nach neuen Herausforderungen. Sie aber sorgt dafür, dass ich mit beiden Beinen auf dem Boden bleibe und bewahrt mich so vor manchen Missgeschicken.
Meine Kinder bedeuten mir alles. Naomi und Axelle sind mittlerweile selbstbewusste und wunderschöne junge Frauen, die beide ihren Platz im Restaurant gefunden haben.
Ganz überraschend kam dann noch unser Sohn Noa. Er weckte in mir wieder das innere Kind und es gibt nichts Schöneres für mich, als mit ihm loszuziehen und „Männersachen" zu machen.
Wenn ich an meine Kinder denke, bin ich erfüllt von einer inneren Ruhe. Von außen wirkt es so, als wäre ich ein harter Kerl, und ich gebe zu, dass ich oft ein ziemlicher Macho bin. Aber eigentlich habe ich einen weichen Kern. Mein Herz fließt schon über, wenn ich sehe, wie Noa auf seiner Gitarre spielt.

— Eigentlich wollte ich nicht, dass auch meine Kinder in der Gastronomie arbeiten, aber es steckt einfach in ihren Genen. Dem Ruf des Restaurants konnten Naomi und Axelle nicht widerstehen. Naomi ist einundzwanzig und hat ihre Ausbildung an der Hotelfachschule Ter Duinen in Koksijde abgeschlossen. Sie leitet das Restaurant und die Küche mit resoluter Hand und bewundernswerter Leidenschaft. Ihre Schwester Axelle kümmert sich in der Küche des Restaurants Elckerlijc um die Desserts.
Vor zehn Jahren wurde ich Vater eines Sohnes, Noa. Ein Traum wurde wahr, aber er brachte mein Leben auch ganz schön durcheinander. Ich spürte, wie sich das wilde Tier in mir beruhigte. Niemals zuvor hatte ich die Verantwortung so sehr gespürt, wie in dem Moment, als ich Noa zum ersten Mal im Arm hielt. Ich war Ehemann, Vater von drei Kindern und leitete ein gut laufendes Restaurant mit Personal. Damals wurde es ernst, aber darum noch lange nicht langweilig. Ganz im Gegenteil.
Wir wohnen immer noch alle zusammen in dem großen Haus neben dem Restaurant und sehen uns jeden Tag. Während der Arbeitszeit ist es oft zu hektisch, um wirklich miteinander zu sprechen. Deswegen sind mir die Samstagnachmittage heilig. Dann sitzen wir alle beisammen und erzählen uns von unserem Leben und was wir gerade machen. Wenn ich sie alle so beieinander sitzen sehe, bin ich einfach nur stolz darauf, was Annouk und ich über die Jahre aufgebaut haben.

Die

WUNDER-
JAHRE

Als Kind konnte ich nicht lange still sitzen, vor allem nicht in der Schule, und mit dreizehn Jahren beschloss ich, Metzger zu werden.

DIE WUNDERJAHRE

Ich wurde 1970 im ländlichen Maldegem in Ostflandern geboren. Weil meine Mutter ein Geschäft hatte und sich am Wochenende nicht um mich und meinen kleinen Bruder David kümmern konnte, schickte sie uns zu unseren Großeltern. Für mich war das nicht schlimm, denn ich war unheimlich gerne bei *Meme* und *Pepe*. Die Eltern meines Vaters hatten nämlich einen riesigen Gemüsegarten. *Pepe* nahm mich morgens früh mit in den Garten und ließ mich dort nach Herzenslust hacken und Unkraut jäten. Unsere Ernte brachten wir zu *Meme*, die mir dann zeigte, wie man Bohnen und Kirschen einmacht. Ich bin mir sicher, dass damals der Grundstein gelegt wurde für das, was später Elckerlijc Farm werden sollte.

Als Kind konnte ich nicht lange still sitzen, vor allem nicht in der Schule, und mit dreizehn Jahren beschloss ich, Metzger zu werden. Ich wurde an der Gastronomieschule Ter Groene Poorte in Brügge angemeldet und da ich nicht wusste, wohin mit meiner Energie, arbeitete ich an Freitagabenden noch für einen Metzger in Knokke. Er nahm mich mit auf Grillpartys der lokalen Vereine und zeigte mir, wie man Würstchen, Hamburger und Beefsteaks grillt. Das waren meine ersten Erfahrungen mit dem Kochen über offenem Feuer und ich war sofort begeistert.

Um meinen achtzehnten Geburtstag herum begegnete ich Annouk und verliebte mich bis über beide Ohren in sie. Als sie mich nach einiger Zeit ihren Eltern vorstellte, erwartete mich eine freudige Überraschung. Ihr Vater, Alex Van Landschoot vom gleichnamigen Fleischhandel,

grillte bei diesem ersten Besuch ein Roastbeef über dem Kaminfeuer. Offensichtlich teilten wir die Leidenschaft für Feuer und das machte es für mich leichter, ihn davon zu überzeugen, dass ich der Richtige für seine Tochter war.

Mein Schwiegervater, der meine kulinarischen Ambitionen kannte, machte 1990 den Vorschlag, einen Teil seines Hauses in ein Grillrestaurant umzubauen. Das Anwesen lag allerdings ziemlich abgelegen und ich war mir nicht sicher, ob die Menschen den Weg zu uns finden würden. Auf der Karte standen ausschließlich Roastbeef und Scampi, die wir – unserer gemeinsamen Leidenschaft für Feuer frönend – auf dem Grill zubereiteten. Zu Beginn hatten wir nur am Wochenende geöffnet, aber die Geschäfte liefen so gut, dass wir auch bald schon unter der Woche genug Gäste anzogen und ein richtiges Restaurant wurden.

Mein Schwiegervater teilte meine Leidenschaft für Feuer und das machte es für mich leichter, ihn davon zu überzeugen, dass ich der Richtige für seine Tochter war.

ELCKERLIJC P

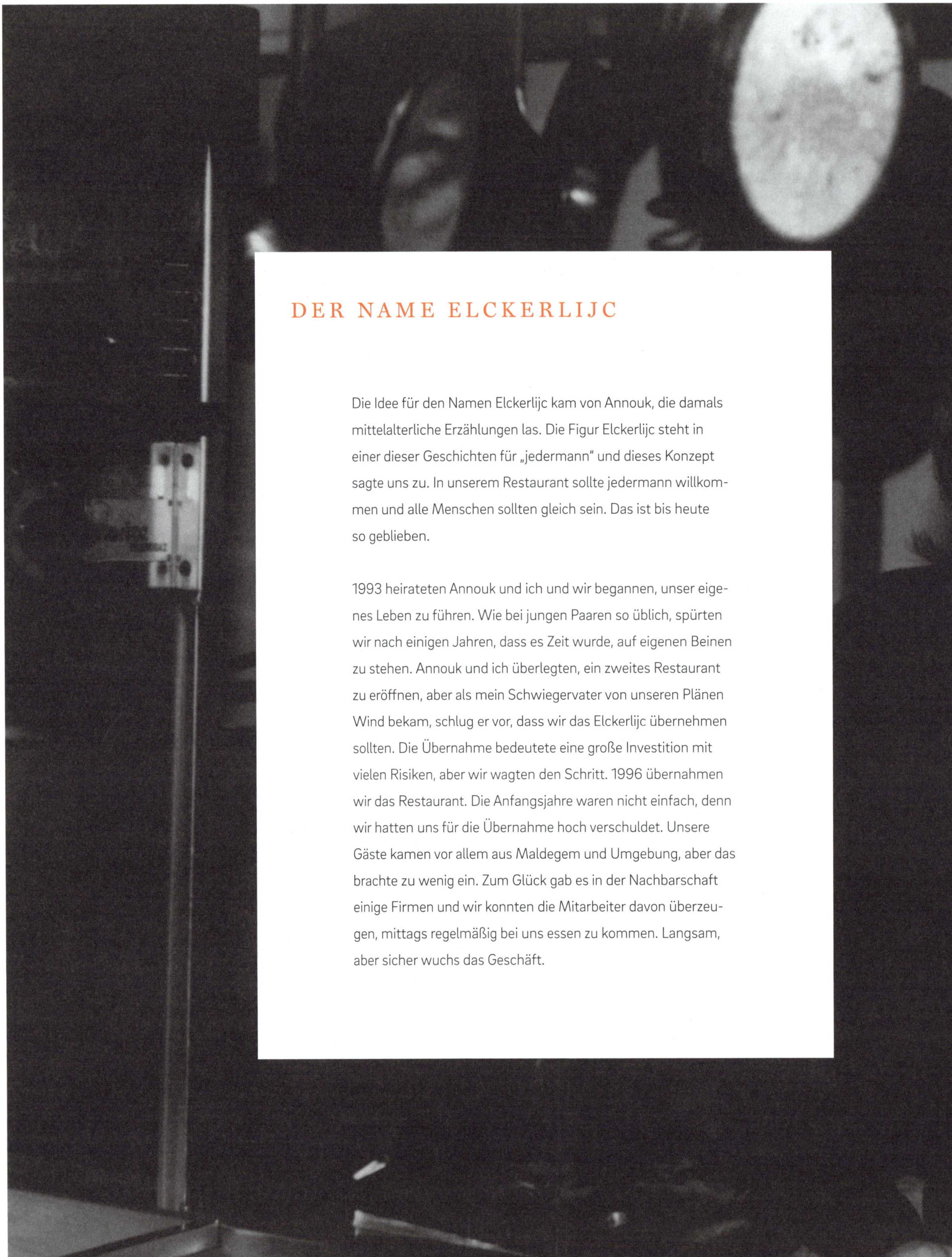

DER NAME ELCKERLIJC

Die Idee für den Namen Elckerlijc kam von Annouk, die damals mittelalterliche Erzählungen las. Die Figur Elckerlijc steht in einer dieser Geschichten für „jedermann" und dieses Konzept sagte uns zu. In unserem Restaurant sollte jedermann willkommen und alle Menschen sollten gleich sein. Das ist bis heute so geblieben.

1993 heirateten Annouk und ich und wir begannen, unser eigenes Leben zu führen. Wie bei jungen Paaren so üblich, spürten wir nach einigen Jahren, dass es Zeit wurde, auf eigenen Beinen zu stehen. Annouk und ich überlegten, ein zweites Restaurant zu eröffnen, aber als mein Schwiegervater von unseren Plänen Wind bekam, schlug er vor, dass wir das Elckerlijc übernehmen sollten. Die Übernahme bedeutete eine große Investition mit vielen Risiken, aber wir wagten den Schritt. 1996 übernahmen wir das Restaurant. Die Anfangsjahre waren nicht einfach, denn wir hatten uns für die Übernahme hoch verschuldet. Unsere Gäste kamen vor allem aus Maldegem und Umgebung, aber das brachte zu wenig ein. Zum Glück gab es in der Nachbarschaft einige Firmen und wir konnten die Mitarbeiter davon überzeugen, mittags regelmäßig bei uns essen zu kommen. Langsam, aber sicher wuchs das Geschäft.

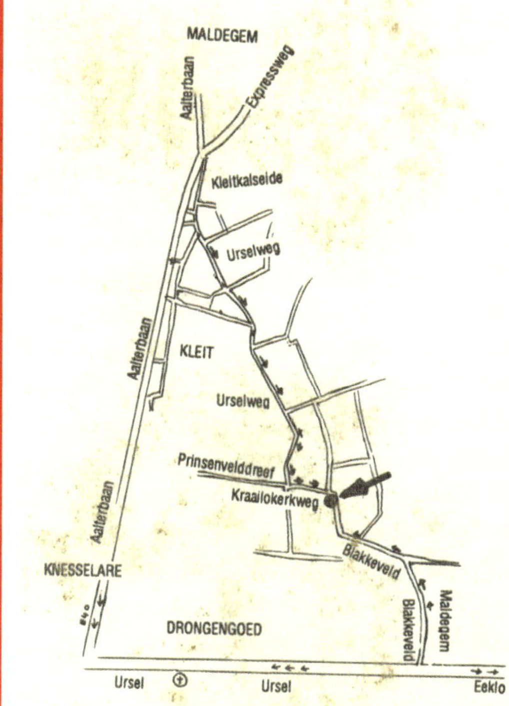

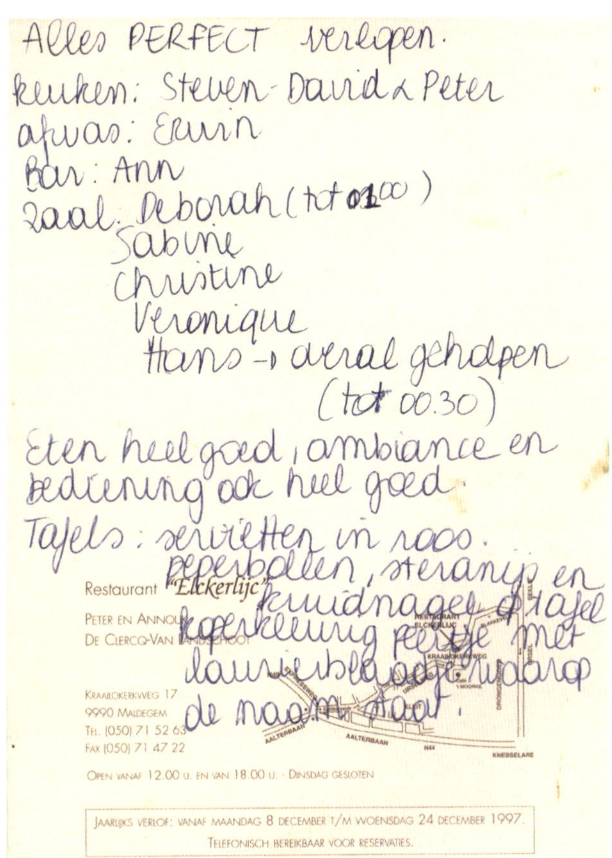
Alles PERFECT verlopen.
keuken: Steven-David & Peter
afwas: Erwin
Bar: Ann
Zaal: Deborah (tot 01.00)
Sabine
Christine
Veronique
Hans → overal geholpen
(tot 00.30)
Eten heel goed, ambiance en
bediening ook heel goed.
Tafels: servietten in roos.
peperbollen, steranijs en
kruidnagel op tafel
koperkleurig peertje met
laurierblaadje waarop
de naam staat.

Restaurant "Elckerlijc"
Peter en Annou[illegible]
De Clercq-Van [illegible]
Kraailokerkweg 17
9990 Maldegem
Tel. (050) 71 52 63
Fax (050) 71 47 22
Open vanaf 12.00 u. en van 18.00 u. · Dinsdag gesloten
Jaarlijks verlof: vanaf maandag 8 december t/m woensdag 24 december 1997.
Telefonisch bereikbaar voor reservaties.

Wir haben das Vergnügen, Sie einzuladen,
gemeinsam mit uns Silveste
zu feiern. Wir begrüßen Sie mit einem
Aperitif um 19:30 Uhr.
Um Mitternacht gibt es gratis
ein Glas Champagner für jeden.
Für Musik und Unterhaltung ist gesorgt.

Bitte seien Sie so freundlich, durch die
Zahlung von 1000 FR pro Person
verbindlich zu reservieren.
Kontonummer Assubel 961-1334774-49

Silvestermenü

Champagner Eickerlijc mit kleinen Häppchen

~

Hausgemachte Gänseleber
mit Williams Christbirnen und Nüssen

~

1/2 Hummer im eigenen Sud,
verfeinert mit Champagner

~

Streifen vom Fasan mit festlicher Garnitur

~

Dessertteller „96–97"

1 850,- Maldegem 31. Dezember 1996

Die
FEUER-
JAHRE

Unser Team bestand
nur aus Profis und
dieses Mal waren
wir so weit. Wir hatten
uns ein Jahr lang
vorbereitet und
nur noch ein Ziel
vor Augen: als Sieger
nach Hause
zurückkehren.

DIE FEUERJAHRE

Mir fiel auf, dass viele Gäste wissen wollten, wie wir unsere Gerichte auf offenem Feuer zubereiten. Sie stellten uns Fragen zu den Grilltechniken und baten uns um Rezepte, die sie zu Hause ausprobieren wollten. Ich war erstaunt, wie wenig die Leute vom Kochen über offenem Feuer verstanden und fand heraus, dass es in niederländischer Sprache gar keine Bücher zum Thema Grillen gab.

— Die erfolgreiche Veröffentlichung meines ersten Buches bedeutete einen unglaublichen Aufschwung für unser Restaurant. Sogar das Fernsehen wurde aufmerksam und ich meldete mich mit einem belgischen Team für die Barbecue-Weltmeisterschaft an. Im November 2001 flogen wir mit einem Kamerateam der Fernsehshow *De Rode Loper* nach Südafrika. Der Showmaster Dré Steemans, besser bekannt als Felice, ging als eingefleischter Foodie mit, um uns gebührend zu präsentieren. Er wurde einer meiner besten Freunde und ich vermisse ihn immer noch.

Ich reiste für die Meisterschaft zum ersten Mal nach Südafrika und war schwer beeindruckt. Nirgendwo anders hatte ich jemals solch ein Sammelsurium von Kulturen gesehen: schwarz, weiß, indisch, englisch, japanisch … In den Gerichten schmeckte man den Einfluss von all den verschiedenen Kontinenten.
Der Wettkampf war ein Flop, denn wir waren schlecht vorbereitet und uns gelang eigentlich nichts. Die anderen Teams hatten sichtbar mehr Erfahrung und waren besser aufeinander eingespielt. Und doch kehrte ich

nicht mit leeren Händen nach Hause zurück. Die Reise nach Südafrika und die Bekanntschaft mit den anderen Teams hatten in mir die Lust geweckt, mehr von der Welt zu entdecken und zu lernen, wie andere Kulturen mit dem Feuer umgehen. Ich hatte zum Beispiel gesehen, wie Südafrikaner während des traditionellen Braai, des südafrikanischen Grillfestes, Weinstöcke anstelle von unserem Buchen- und Eichenholz verfeuerten. Im Elckerlijc steht seit damals auch ein südafrikanischer Wein auf der Karte, auf der bis dato nur französische Weine vertreten gewesen waren.

DREADLOCK HOLIDAY...

Zwei Jahre später und um einiges an Erfahrung reicher meldeten wir uns wieder für die Weltmeisterschaft an, dieses Mal sollte sie in Jamaica ausgetragen werden. Ich kannte Land und Leute schon ein wenig, denn wir hatten vor zehn Jahren unsere Flitterwochen dort verbracht. Schon damals hatte ich mich in Reggaemusik und die dazugehörende Kultur verliebt.

Unser Team bestand nur aus Profis und dieses Mal waren wir so weit. Wir hatten uns ein Jahr lang vorbereitet und nur noch ein Ziel vor Augen: als Sieger nach Hause zurückkehren.
Unser *Chef d'Ambiance* war der Schauspieler und Moderator Peter Van Asbroeck. Er sorgte nicht nur für den Spaß bei der Arbeit, sondern unterhielt sich auch jeden Tag mit Leen Demaré von Radio Donna, wodurch das ganze Geschehen auch in Belgien einige Aufmerksamkeit erhielt.

Schon Monate vor dem Wettkampf hatten wir einen riesigen Container mit vierzig Fässern Bier, einer Zapfanlage, vierhundert Kilo Kartoffeln, Frittierfett und einem ganzen Sortiment Saucen nach Jamaica geschickt.

Am Austragungsort sollten die Zuschauer die ganze Zeit unterhalten werden – mit Peter Van Asbroeck konnten wir sicher sein, in dieser Kategorie hohe Punktzahlen zu erzielen. Eine Band sorgte für die Beschallung, es floss reichlich belgisches Bier und man konnte echte belgische Fritten mit allerlei typischen Saucen probieren.
Mit dem Frittenstand wäre es beinahe nichts geworden: Jede einzelne Kartoffel aus dem Container war von innen schwarz. Scheinbar hatten die Temperaturunterschiede unseren Kartoffeln den Garaus gemacht. Uns blieb nichts anderes übrig, als in Supermärkten nach einer Alternative zu suchen. Zum Glück fanden wir eine Kartoffelart aus Zypern, die für unsere Zwecke brauchbar war.
Bier, Fritten, Musik und Peter, der die Stimmung hochhielt, waren eine unschlagbare Kombination. Kein Wunder also, dass wir in dieser Kategorie den Hauptpreis holten.

Zum Grillen hatten wir einen Chuckwagon (ein Lokomotivmodell), einen doppelten Gasgrill und einen Holzkohlegrill aus Belgien mitgebracht. Vor Ort bekamen wir noch ein Jerk Barbecue dazu, ein längs durchgeschnittenes Ölfass mit einem Rost. Außerdem hatten wir eine Kühltheke dabei, um unsere Produkte frisch zu halten – in der Hitze war das sicher kein überflüssiger Luxuskram. Die Organisatoren gaben uns Huhn, Fisch und Fleisch, ich fand aber vor allem die Qualität des Schweinefleischs sehr schlecht. Also machte ich mich auf die Suche nach einem schönen Schwein, um es schlachten zu lassen.
Ein Belgier, der in Jamaica lebte, brachte uns mit seinem Kleinbus in die Berge zu einem Schweinezüchter. Der Hof bestand aus nicht mehr als ein paar zusammengeschraubten Wellblechplatten, um die herum die Schweine, Hühner und Ziegen liefen. Ich suchte mir ein Schwein aus und ließ es zu einem Metzger bringen, der für uns die Knochen herauslöste.

Für die Bewertung waren Geschmack, Kreativität und Pünktlichkeit wichtig. Der letzte Punkt bedeutete, dass das Gericht genau zur angegebenen Zeit der Jury aufgetischt werden musste. Der Koch durfte es drei Minuten früher bis drei Minuten später servieren, mehr Spielraum gab es nicht. War er zu früh oder zu spät dran, wurde er disqualifiziert und konnte den großen Preis vergessen. Ich erlebte diese paar Tage wie in einem Rausch. Alles lief wie am Schnürchen und wir waren uns sicher, dass wir auf den vorderen Plätzen landen würden.

Nach der Meisterschaft mussten wir ein paar Tage auf die Entscheidung warten. In der Zwischenzeit fand eine lokale Jerk-Barbecue-Meisterschaft statt, an der wir teilnahmen. Jetzt, wo der Druck weg war, wollten wir uns vor allem amüsieren.
Da wir uns mit der lokalen Bevölkerung messen wollten, gingen wir auf die Suche nach typischen Gerichten. In einem Jerk-Restaurant wurden wir fündig, einem aus Wellblechen zusammengezimmerten dunklen Loch mit einigen russischen Kronleuchtern an der Decke. Dort wurden halbe Schweine über Pfefferbaumholz gegrillt, während jemand Blätter der Madame Jeanette Chili ins Feuer warf. Die Köche befeuchteten das Fleisch ab und zu und ließen es insgesamt sechs Stunden garen. Mit diesem Wissen im Gepäck gingen wir zu unserem Zelt zurück und beschlossen, ein Hähnchen zu grillen. Wir füllten es mit in Leffe Bier getränktem Heu und besprenkelten es während des Garens auch von außen mit Bier. In der Zeltstadt herrschte eine ausgezeichnete Stimmung und es traten überall Reggaebands auf, und so ließen wir unser Feuer regelmäßig alleine. Während wir im Gras lagen und einer Band zuhörten, kam unser Nachbar laut lachend und winkend angelaufen und sagte, dass unsere Jerk-Tonne in Brand geraten sei. Wir löschten das Feuer mit Bier und machten weiter, wo wir aufgehört hatten.

Wir servierten das Hähnchen mit einer Mischung aus drei verschiedenen Saucen, unter die wir noch Krustentiere gemischt hatten. Erstaunlicherweise belegten wir unter vierzig Teilnehmern den vierten Platz und unsere Sauce holte sogar den zweiten Platz.

Am Sonntagabend sollte endlich bekannt gegeben werden, wer sich im folgenden Jahr Barbecue-Weltmeister nennen durfte. Zu Hause waren Annouk und die Mitarbeiter des Elckerlijc in eine Kneipe in der Nähe gegangen, um die Entscheidung live mitzuerleben. Aber die Zeremonie in Jamaica dauerte und dauerte. Wir erreichten in verschiedenen Unterkategorien hohe Punktzahlen, aber es war schon nach Mitternacht,
als sie endlich bekannt gaben, wer den Titel „Barbecue-Weltmeister " tragen würde. Durch den Zeitunterschied war es da in Belgien schon sechs Uhr morgens, aber alle hatten ausgeharrt.
„The World Champion Barbecue is the team from Belgium!" In meinem Kopf kann ich die Worte des Moderators noch immer hören. Heulend fielen wir uns in die Arme und als ich Annouk anrief, um es ihr zu erzählen, konnte ich kaum sprechen.

„The World Champion Barbecue is the team from Belgium!“ In meinem Kopf kann ich die Worte des Moderators noch immer hören.

BELGIAN BBQ TEAM
2003 9 21
Leffe

Wie ein

LAUF-
FEUER

Der erste Platz bei der Weltmeisterschaft war bestimmend für die folgenden Jahre. Danach flatterten uns regelmäßig unverhoffte Geschenke ins Haus.

WIE EIN LAUFFEUER …

Die Nachricht über den Sieg in Jamaica verbreitete sich wie ein Lauffeuer und plötzlich öffneten sich uns viele Türen. Das Restaurant lief so gut wie nie zuvor und meine Bücher wurden bis weit über die Landesgrenzen hinaus bekannt. Ich erarbeitete eine Reihe von Marinaden und Gewürzmischungen, die bei vielen, die zu Hause professionell grillen wollen, sehr beliebt sind. Auch an der Entwicklung von neuem Barbecue-Equipment beteiligte ich mich.

– Vor der Weltmeisterschaft hatte ich sowohl bei regionalen als auch nationalen Fernsehsendern schon an verschiedenen Sendungen mitgearbeitet. 2002 erschien mein zweites Kochbuch, in dem ich zeigte, wie man auch im Winter mit dem Grill arbeiten kann. Der Erfolg des Buches ermöglichte es mir, bei weiteren Fernsehshows mitzumachen und ich bekam sogar eine eigene Show.

Der erste Platz bei der Weltmeisterschaft war bestimmend für die folgenden Jahre. Danach flatterten uns regelmäßig unverhoffte Geschenke ins Haus. Während einer Reise durch Thailand blieben Annouk und ich zwei Nächte lang im Millennium Hotel in Bangkok. In dessen Grillrestaurant Prime wird das Fleisch über großen Holzfeuern gebraten. Wir bekamen eine großartige Mahlzeit aufgetischt. Am nächsten Morgen gratulierte ich dem Koch zu seinen Kochkünsten. Er war ein großer, sehr sympathischer Glatzkopf, mit dem ich sofort auf einer Wellenlänge war. Ich erzählte ihm, wer ich war, gab ihm meine Visitenkarte und reiste mit Annouk weiter nach Phuket.

Drei Wochen nach unserer Rückkehr bekam ich eine Mail von diesem Hotel, in der mich der Leiter bat, eine Woche lang in seinem Hotel zu kochen. Er hatte auf der Webseite des Elckerlijc gelesen, dass ich die Barbecue-WM gewonnen hatte und wollte mich daher als Gastkoch einladen. Ich kehrte also in Begleitung eines Kamerateams nach Bangkok zurück und auch die örtliche Presse machte mehrere Reportagen über mich.

Die Geschichte wird aber noch schöner. Die Kunde von meinen Kochkünsten hatte den königlichen Palast erreicht und König Bhumibol bestellte ein Menü für sich, seine Frau und seine Tochter. In der Nacht vor meinem Einsatz als königlicher Koch träumte ich, dass sich der König an einem kleinen Knochen verschluckt und ich daher von der thailändischen Polizei ins Gefängnis geworfen werde, wo mir der Kopf abgehackt wird. Schweißgebadet wachte ich auf.
Am Tag darauf war ich beim Kochen sehr nervös, denn in Thailand ist der König heilig. Seine Leibwächter schauten mir über die Schulter, um sicherzugehen, dass ich mit dem Essen keinen Unfug trieb. Alles ging gut und am nächsten Tag bekam ich zu hören, dass König Bhumibol mein Menü genossen habe.

Ein anderes Mal durfte ich für die belgischen Teilnehmer der Rallye Dakar in Argentinien kochen. Dabei kamen drei meiner Hobbys zusammen: Reisen, Autos und Kochen. Für ein Biwak sollte ich eine enorme Rinderkeule von fünf Kilo zubereiten, aber der Grill, der in einem Lastwagen mitgebracht worden war, hatte keinen Deckel. Ich briet das Fleisch auf dem Rost an, brauchte aber noch eine Möglichkeit, um es durchzugaren. Also habe ich hochgewachsenes Präriegras abgeschnitten und das Fleisch gut darin eingewickelt. So konnte ich es weiter zubereiten.

Indem ich aus der Not eine Tugend gemacht hatte, erhielt ich wieder neue Inspiration, um die Dinge ein wenig anders anzugehen. In Argentinien entdeckte ich auch das landestypische Asado für mich, eine Garmethode, bei der große Fleischstücke am Rande der Glut langsam garen. Zurück in Belgien probierte ich diese Technik natürlich sofort aus.

Auch heute noch werde ich regelmäßig ins Ausland eingeladen, um anderen Köchen meine Kunst beizubringen oder sie im Gebrauch des Grills zu schulen. Es ist natürlich ein tolles Gefühl, wenn sich die eigenen Anstrengungen schließlich auszahlen.

SCHWELEND, ABER IMMER NOCH HEISS

Über die Jahre kamen immer mehr Gäste in unser Restaurant. Denn auch wenn Maldegem ziemlich abgelegen ist, befinden sich einige Minuten entfernt gleich zwei Autobahnabfahrten. Ich schrieb weitere Kochbücher, entwickelte verschiedene Barbecueprodukte und arbeitete mit Fernsehsendern an einigen Shows.

2010 wurde ich vierzig Jahre alt und ich spürte, dass es Zeit wurde, etwas für meine Gesundheit zu tun. Die Arbeit in der Küche verlangt dem Körper viel ab: früh aufstehen, lange arbeiten und das die meiste Zeit im Stehen, dazu noch der Stress als Selbstständiger. All diese Belastungen machten mir deutlich, dass ich gesünder leben musste, wenn ich das Leben noch lange genießen wollte. Ich hatte noch nie viel Sport getrieben und wollte meine knappe Freizeit nicht in einem Fitnessstudio verbringen. Ich beschloss, mit dem Laufen zu beginnen, um sportlicher zu werden und ein paar Kilos zu verlieren. Das Laufen fiel mir leichter als gedacht. Morgens zog ich meine Laufschuhe an und joggte ein paar Kilometer durch den Wald hinter dem Restaurant. Bevor ich wusste, wie mir geschah, lief ich zehn Kilometer am Stück und hatte schon etliche Kilos verloren. Ich spürte, wie ich mehr Energie bekam, wodurch mir die Arbeit auch leichter von der Hand ging. Laufen wurde zu einer gesunden Sucht. Es inspirierte mich zu neuen Gerichten, senkte mein Stresslevel und sorgte dafür, dass ich mich fitter als je zuvor fühlte.

Inzwischen sind die Laufrunden zur Routine geworden und ich habe meine Ernährung umgestellt. Zum Frühstück trinke ich frischen Apfelsaft und Möhrensaft mit Zitrone, ich esse frischen Obstsalat mit Chia-Samen und Goji-, Heidel- und Maulbeeren. Außerdem esse ich viel Gemüse mit ein wenig Fisch oder Fleisch, aber nehme dazu keine Stärke mehr. Kohlenhydrate nehme ich abends als Getreideflocken mit Soja- oder Reismehl, einigen Physalis, Chia-Samen oder Gojibeeren zu mir. Mittlerweile laufe ich locker fünfzehn Kilometer und konnte Annouk und Naomi dazu bewegen, dreimal die Woche mitzulaufen. Mein Ziel ist es, einmal an einem Marathon teilzunehmen, und ich spüre, dass ich nicht mehr so weit davon entfernt bin.

AUS EIGENER HALTUNG

Mit dem gesünderen Lebensstil reifte in mir auch die Erkenntnis, dass ich mehr über die Produkte wissen will, mit denen ich in meiner Küche tagtäglich arbeite. Ich nahm mir vor, einen Gemüse- und Kräutergarten anzulegen, wie mein Großvater einen gehabt hatte. Darin zog ich alte und neue Gemüsesorten, Kräuter und Blumen. So entstand Elckerlijc Farm. Durch diesen großen Garten bekam ich wieder mehr Gespür für die Jahreszeiten. Auf der Karte standen nun auch selbst angebautes Gemüse und Obst.
Etwas später kamen auch noch Tiere dazu. Hühner, Hühnervögel, Mechelner Hühner und anderes Geflügel laufen auf der Elckerlijc Farm frei herum und dürfen auswachsen, während sie sich unter den Obstbäumen selbst ihr Futter suchen. Unsere Schweine leben bei einem befreundeten Bauern und bekommen spezielles Futter, eine Mischung aus gekochten Kartoffeln, Erbsenschoten und das bei der Geneverproduktion von Filliers abfallende Malz. Markske kümmert sich liebevoll um unsere Kühe. Für das Restaurant hat er sogar seine Holsteiner Milchkühe gegen Rote Flämische Rinder eingetauscht. Diese prächtige Rinderrasse war völlig in Vergessenheit geraten und wäre um ein Haar ausgestorben. Das hätte ich unglaublich schade gefunden, denn ihr Fleisch ist wunderbar marmoriert und schmeckt gegrillt vorzüglich.

Alle meine Tiere dürfen ein langes und glückliches Leben führen. Sie fressen heimische Wiesenkräuter, Blumen und Pflanzen, denn dadurch nimmt ihr Fleisch den charakteristischen Geschmack dieser Gegend an. Meine Kühe werden im Alter von acht Jahren geschlachtet. Erst dann besitzt ihr Fleisch den vollen, reifen Geschmack. Da dies ein sehr fortgeschrittenes Schlachtalter ist, ist das Fleisch eher zäh. Um das Problem zu lösen, lasse ich es in speziellen Kühlkammern bei 3 °C und 72 % Luftfeuchte und mit der nötigen Ventilation reifen. Nach vier Wochen beginnen sich die Enzyme und Eiweiße zu zersetzen und die Struktur des Fleisches wird wunderbar zart.
Da während dieses Reifungsprozesses vierzig Prozent der Feuchtigkeit verloren gehen, wird der Geschmack viel intensiver. Daher kommt auch der höhere Preis für gereiftes Fleisch, denn während der Reifung verliert es ungefähr die Hälfte seines ursprünglichen Gewichts. Der Käufer bekommt für sein Geld etwas weniger, aber dafür sehr hochwertiges Fleisch.

Außerdem führte ich meine Suche nach der richtigen Kombination von Raucharomen und verschiedenen Sorten Fleisch fort. So entdeckte ich, dass ein schottisches Rib-Eye wunderbar zu Holzspänen von Jack-Daniel's-Fässern passt. Italienisches Fleisch schmeckt am besten, wenn es über Holz von Zitronen- oder Orangenbäumen gegrillt wird. Das brachte mich auf eine Idee. Wir kauften unser Olivenöl in Sizilien direkt beim Erzeuger, dort werden die Olivensteine nach dem Pressen weggeworfen. Ich ließ sie trocknen und benutzte sie bei bestimmten Fleischsorten als Geschmacksgeber im Grill.

Ich lasse das Fleisch in speziellen Kühlkammern bei 3 °C und 72 % Luftfeuchte und mit der nötigen Ventilation reifen. Nach vier Wochen beginnen die Enzyme und Eiweiße sich zu zersetzen und die Struktur des Fleisches wird wunderbar zart.

Da während dieses Reifungsprozesses vierzig Prozent der Feuchtigkeit verloren gehen, wird der Geschmack viel intensiver. Daher kommt auch der höhere Preis für gereiftes Fleisch, denn während der Reifung verliert es ungefähr die Hälfte seines ursprünglichen Gewichts. Der Käufer bekommt für sein Geld etwas weniger, aber dafür sehr hochwertiges Fleisch.

Peter De Clercq
Elckerlijc

Möge das Feuer

NICHT VER-LÖSCHEN

Ich hoffe von ganzem Herzen, dass das Feuer noch lange nicht verlöschen wird. Dass ich niemals die Leidenschaft verliere für alles, was ich liebe.

MÖGE DAS FEUER NICHT VERLÖSCHEN

Obwohl dieser Satz wirklich abgedroschen klingt, ist er für mich wahr: Die vergangenen fünfundzwanzig Jahre sind nur so vorbeigeflogen. Was die Zukunft bringt, weiß ich nicht. Ich hoffe, dass ich gesund bleibe und noch lange in meinem Restaurant arbeiten darf. Danach sehe ich mich selbst in meinem Garten Gemüse ernten, das von meinen Kindern in der Küche zubereitet wird.

— Irgendwann hätte ich gerne mehr Zeit zum Malen und für die bildenden Künste. Von Kindesbeinen an habe ich eine Leidenschaft für Kunst. Vor allem die Werke von surrealistischen Malern wie Dalí und Magritte ziehen mich an. Mit Beginn der Finanzkrise 2008 wurde es im Restaurant etwas ruhiger. Ich fühlte mich damals erschöpft und wollte etwas anderes tun als immer nur zu kochen. Meine alte Liebe für das Zeichnen und Malen lebte wieder auf. Ich verwandelte mein Gartenhaus in ein Atelier und ließ dort meiner Kreativität freien Lauf. Ich zeichnete die Fotos aus einem meiner Bücher mit Holzkohle nach und ein paar dieser Werke hängen nun im Restaurant.

Natürlich will ich auch noch reisen. Weiße Flecken auf meiner Landkarte habe ich noch in Südamerika und im Mittleren Osten. Diese Ziele reizen mich sehr. Dort will ich vor allem die jeweilige Esskultur und die Art und Weise kennenlernen, wie die Menschen über offenem Feuer kochen. Außerdem steht bei mir noch ein Marathon auf dem Programm und ich hoffe, dass ich die Mille Miglia in Italien als Kopilot mitfahren darf. 2014 bin ich diesem schönsten Autorennen der Welt mit meinem Privatwagen gefolgt. Das Rennen, aber vor allem die kulinarische Entdeckung eines wunderschönen Stücks Italien, habe ich anschließend in einem Buch beschrieben.

Ich hoffe von ganzem Herzen, dass das Feuer noch lange nicht verlöschen wird. Dass ich niemals die Leidenschaft verliere für alles, was ich liebe.

Grill
SUCCESS
ALWAYS

Kein Genuss ist
vorübergehend;
denn der Eindruck,
den er zurücklässt,
ist bleibend.

JOHANN WOLFGANG VON GOETHE

Ein gutes Essen
bringt Leute zusammen.

SOKRATES

Man soll dem Leib
etwas Gutes bieten,
damit die Seele Lust hat,
darin zu wohnen.

WINSTON CHURCHILL

Fleisch
ohne Frohsinn
oder Musik
gegessen
ist schwer
verdaulich.

WALTER SCOTT

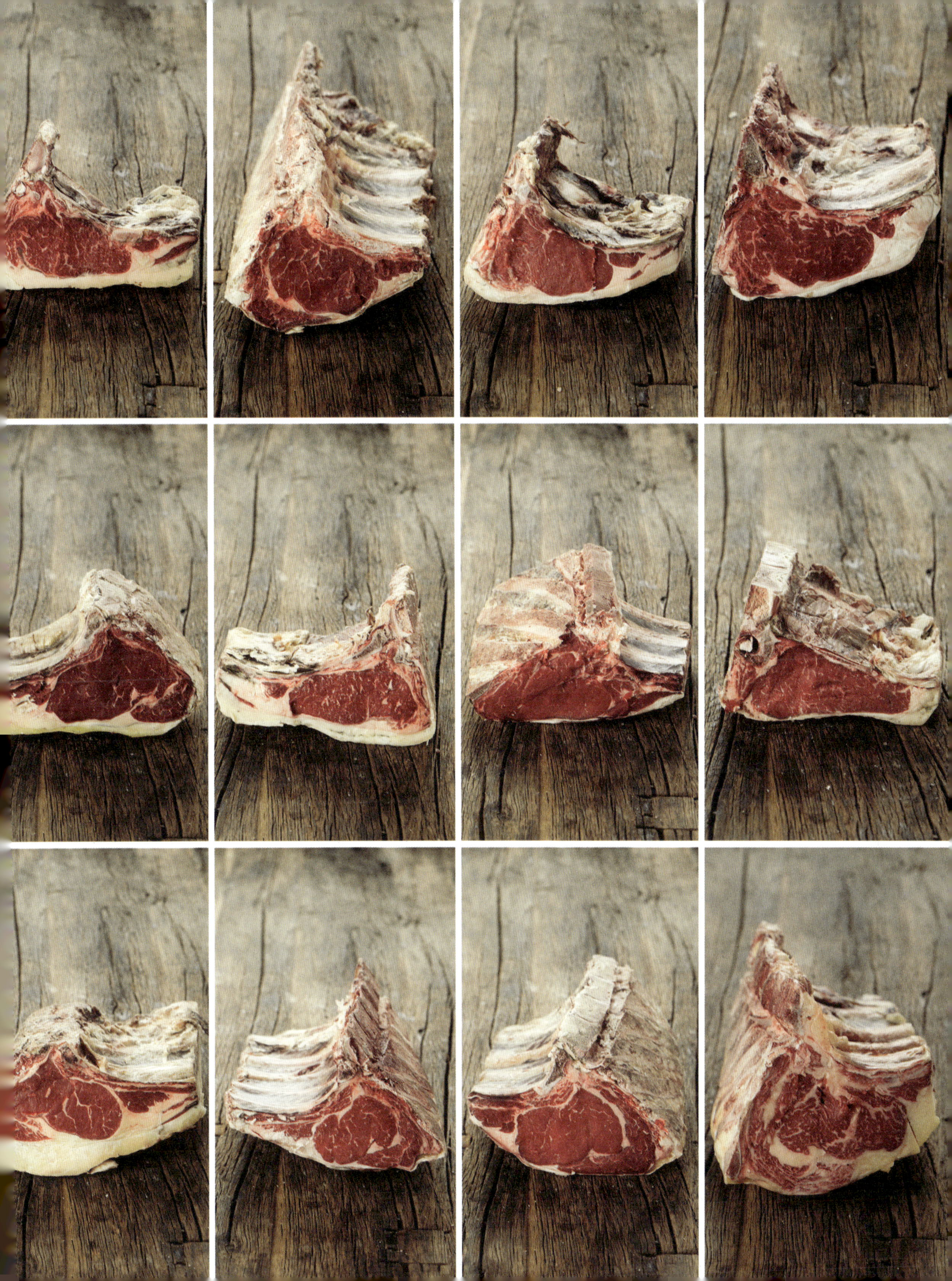

02 / ZUBEHÖR

Metallpinsel
Salzblock
Kaltrauchgenerator
Zange
Smoke-Box
Marinadenpinsel

Fleischrost

Fischrost

Häppchenrost

Wokaufsatz

Hamburgerpresse

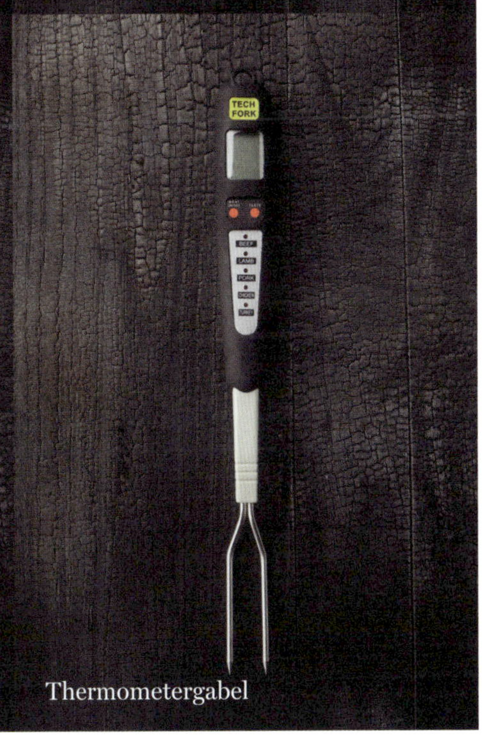

Thermometergabel

03 / DIE BASIS

/ *MARINADEN*

FÜRS GRILLEN SIND MARINADEN UNERLÄSSLICH. Sie verleihen dem Grillgut Geschmack und schützen das Fleisch auf dem Rost gegen die Hitze. Durch die Marinade bekommt es zum Beispiel keinen trockenen, schwarzen Rand. Es ist eine Kunst, die Marinade so einzusetzen, dass der ursprüngliche Geschmack des Fleisches erhalten bleibt. Meistens mariniere ich die Zutaten nur kurz oder injiziere die Marinade, um ihnen zusätzlich Geschmack zu verleihen. Für die meisten Gerichte ist es nicht nötig, das Fleisch lange zu marinieren.

CASCARA-GLASUR

1 Flasche Trappistenbier
100 g Honig
100 g Rohrzucker
200 g Cascara* (oder getrocknete Moosbeeren)

Das Bier mit dem Honig und dem Zucker in einem Stieltopf erhitzen und bei geringer Hitze rühren, bis sich der Zucker aufgelöst hat. Cascara zugeben. Die Glasur über Nacht an einem kühlen Ort ziehen lassen. Abseihen und in einem geschlossenen Glasgefäß aufbewahren.

* Cascara besteht aus den getrockneten Beerenschalen der Kaffeepflanze und ist online bestellbar und zudem immer häufiger in Lebensmittelgeschäften zu finden.

TIPP

_ Cascaraglasur eignet sich besonders für das Lackieren von Rippchen und Hähnchen.

FLEISCHMARINADE

500 ml Olivenöl
250 ml Basilikumöl
250 ml Reisöl (z. B. Suriny)
20 g Basilikum, getrocknet
20 g Koriandersamen
20 g schwarze Pfefferkörner
20 g Rosmarin, getrocknet
6 Chilischoten
10 Zehen Knoblauch, grob geraspelt
4 Zweige Thymian, getrocknet
4 Lorbeerblätter

Das Olivenöl mit dem Basilikum- und dem Reisöl vermengen. Basilikum, Koriandersamen, Pfefferkörner, Rosmarin, Chili, Knoblauch, Thymian und Lorbeerblätter zufügen und ziehen lassen.

Die Marinade wird mit der Zeit konzentrierter und ist luftdicht verschlossen lange haltbar.

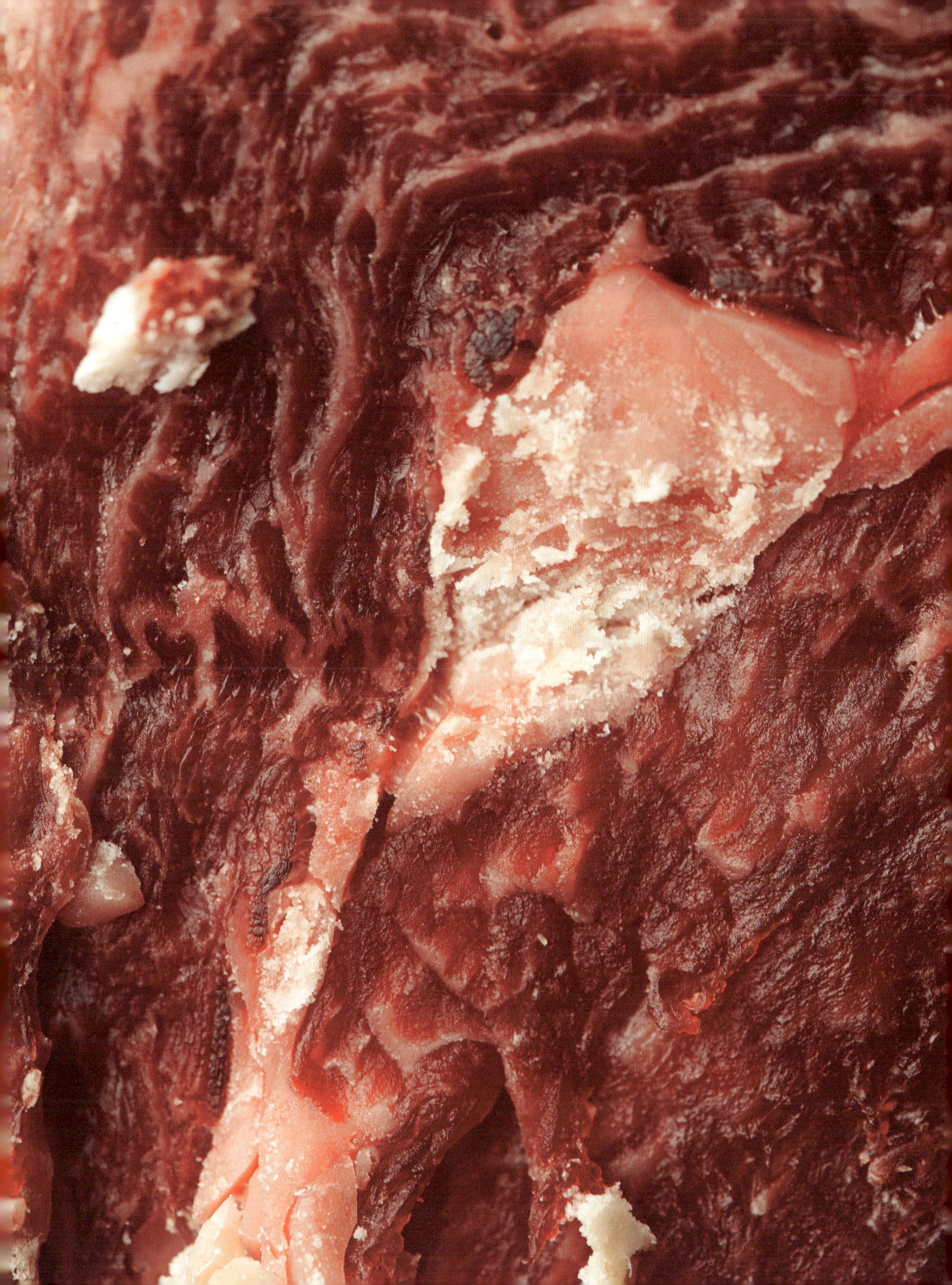

GEFLÜGEL-MARINADE FÜR DIE MARINIERSPRITZE

200 ml Weißwein
200 ml Martini Bianco
1 Zimtstange
Abrieb von 1 Bio-Orange
Abrieb von 1 Bio-Zitrone
1 Stängel Salbei
2 Lorbeerblätter
8 Wacholderbeeren
4 Nelken

Den Wein zusammen mit dem Martini und allen weiteren Zutaten aufkochen. Abkühlen lassen.
Abseihen und mithilfe einer Marinierspritze in das Geflügel injizieren.

OBSTMARINADE FÜR DIE MARINIERSPRITZE

100 ml Wasser
100 ml Martini Rosso
100 g Zucker
100 g Cascara
5 Stängel Minze
3 Stängel Basilikum
2 Stück Sternanis
1 Zimtstange
Mark von 1 Vanilleschote

Das Wasser zusammen mit dem Martini, dem Zucker und den Gewürzen in einem Stieltopf bis an den Siedepunkt erhitzen. Abkühlen lassen, abseihen und mithilfe einer Marinierspritze in das Obst injizieren.

Diese Marinade passt wunderbar zu Ananas.

SCHARFE CAJUNMARINADE

2 EL Paprikapulver
10 Zehen Knoblauch
2 EL Piment d'Espelette
2 EL Oregano, getrocknet
Saft von 2 Zitronen
200 ml Olivenöl
2 EL Senf
Pfeffer
Salz

Das Paprikapulver, den gepressten Knoblauch, Piment d'Espelette und Oregano vermischen. Zitronensaft, Olivenöl und Senf zufügen und die Marinade mit Pfeffer und Salz abschmecken.

Diese Marinade passt sehr gut zu Schweine-, Hähnchen- und Straußenfleisch.

MARINADE FÜR FISCH UND KRUSTENTIERE

300 ml Olivenöl
Saft von 3 Zitronen
Abrieb von 3 Limetten
1 EL Fenchelsamen
1 EL Koriandersamen, zerdrückt
1 EL Zitronenverbene, gehackt
2 Lorbeerblätter, zerdrückt
2 EL schwarze Pfefferkörner, zerdrückt

Olivenöl, Zitronensaft, Limettenabrieb, Fenchel- und Koriandersamen, Zitronenverbene, Lorbeerblätter und Pfeffer vermischen. Über Nacht im Kühlschrank ziehen lassen.

_ Point-Virgule bietet einige fertige Marinaden von Peter De Clercq an. Gibt's im Onlineshop des Restaurants Elckerlijc.

/ KRÄUTERMISCHUNGEN

ICH LIEBE ES, KRÄUTER IN EINEM MÖRSER ZU ZERKLEINERN und zu riechen, wie die Aromen freigesetzt werden. Auf der Elckerlijc Farm haben wir einen großen Kräutergarten mit bekannten und weniger bekannten Kräutern aus der ganzen Welt. Es ist wunderbar, den Garten zu durchstreifen und von allem zu probieren, was am Wegesrand wächst. Über die Jahre habe ich auch einiges über die Wildkräuter im Drongengoed-Wald hinter dem Restaurant gelernt. Ich verwende sie häufig in meiner Küche, da sie den Gerichten einen überraschenden Geschmack verleihen. Für unseren einzigartigen 25 Elckerlijc Silver Edition Gin kombinierten wir zum Beispiel eine Auswahl wilder Kräuter aus „unserem“ Wald mit Schlehen.

DIESE PASTE VERWENDE ICH FÜR SCHMORGERICHTE, DENEN ICH EINEN HAUCH VON THAILÄNDISCHEM AROMA VERLEIHEN MÖCHTE.

GRÜNE CURRYPASTE

1 TL Koriandersamen
1 TL Kreuzkümmelsamen
6 Zehen Knoblauch
5 frische Limettenblätter
2 Stängel Zitronengras
8 grüne Chilischoten
8 Korianderwurzeln (erhältlich in Asialäden)
4 Schalotten
1 Stück Galgantwurzel (3 cm)
1 Bund Thai-Basilikum
1 EL Terasi (Garnelenpaste, erhältlich in gut sortierten Supermärkten, in Asialäden oder online)
1 Schuss Reisöl

Koriander und Kreuzkümmel in einer beschichteten Pfanne ohne Fett rösten, bis die Aromen freigesetzt werden.
Knoblauch schälen und fein hacken. Limettenblätter klein schneiden. Den inneren, weichen Kern des Zitronengrases fein hacken. Die Chilis von Samen und Scheidewänden befreien und fein hacken. Korianderwurzeln klein schneiden. Schalotten schälen und fein hacken. Die Galgantwurzel ebenfalls fein hacken. Alles zusammen mit den Basilikumblättern und der Terasi in einen Mörser geben. Reisöl zufügen und alles zu einer sämigen Paste zerstoßen.

MEIN LIEBLINGS-KRÄUTERSALZ FÜR GEFLÜGEL

- 12 Kardamomkapseln
- 1 Zimtstange
- 1 EL schwarze Pfefferkörner
- 2 EL Kreuzkümmelsamen
- 1 TL Nelken
- 1 TL Muskat, frisch gemahlen
- 100 g feines Meersalz

Die Kardamomkapseln aufbrechen und die Samen herausholen.
Zusammen mit der Zimtstange, Pfefferkörnern, Kreuzkümmelsamen, Nelken und Muskat in einer beschichteten Pfanne ohne Fett rösten, bis die Aromen freigesetzt werden.
Abkühlen lassen und in einer Küchenmaschine oder Kaffeemühle zu Pulver mahlen.
Mit dem Salz vermischen und luftdicht verschlossen aufbewahren.

KRÄUTERSALZ FÜR FLEISCH

100 g Meersalz
2 EL Thymian, getrocknet
3 EL schwarzer Pfeffer, gemahlen
1 EL Knoblauchpulver
1 TL Cayennepfeffer
1 EL Oregano, getrocknet
1 EL Zwiebelpulver

Das Salz mit Thymian, Pfeffer, Knoblauchpulver, Cayennepfeffer, Oregano und Zwiebelpulver mischen. Luftdicht verschlossen aufbewahren.

KRÄUTERSALZ FÜR FISCH

1 TL Kardamomsamen
1 TL Fenchelsamen
1 TL Kreuzkümmelsamen
1 TL weiße Pfefferkörner
1 TL Piment d'Espelette
1 TL Kurkuma, gemahlen
100 g Meersalz

Kardamom-, Fenchel- und Kreuzkümmelsamen mit Pfeffer, Piment d'Espelette und Kurkuma in einer beschichteten Pfanne ohne Fett rösten, bis die Aromen freigesetzt werden.
Abkühlen lassen und in einer Küchenmaschine oder Kaffeemühle zu Pulver mahlen. Mit Salz vermischen und luftdicht verschlossen aufbewahren.

KRÄUTERSALZ FÜR GEMÜSE

60 g Kurkuma, gemahlen
20 g Muskatblüte
20 g weißer Muntok-Pfeffer (erhältlich in gut sortierten Supermärkten oder online)
10 g Paprikapulver
20 g Zwiebelpulver
500 g Meersalz

Die Gewürze zu Pulver zerdrücken oder reiben. Mit Salz vermischen und luftdicht verschlossen aufbewahren.

KRÄUTERSALZ FÜRS BARBECUE

10 g Cayennepfeffer
5 g Basilikum, getrocknet
5 g Thymian, getrocknet
20 g Paprikapulver
10 g Currypulver
20 g Meersalz

Den Cayennepfeffer und die Kräuter fein mahlen und mit Paprikapulver, Currypulver und Salz vermischen. Luftdicht verschlossen aufbewahren.

KRÄUTERSALZ FÜR WILD

25 g Wacholderbeeren
25 g schwarze Pfefferkörner
10 g Nelken
10 g Piment
20 g Koriander, getrocknet
10 g Rosmarin, getrocknet
500 g Meersalz

Wacholderbeeren, Pfefferkörner, Nelken und Piment im Mörser fein zerstoßen. Die getrockneten Kräuter zugeben und alles fein mahlen. Die Gewürze und die Kräuter mit dem Salz vermischen. Luftdicht verschlossen aufbewahren.

GEWÜRZMISCHUNG FÜR DESSERTS

100 g Rohrzucker
1 EL Zimt
½ EL Piment
1 Msp. Nelken, gemahlen
1 TL Korianderpulver
½ TL Muskat, frisch gemahlen
½ TL Ingwerpulver

Rohrzucker mit Zimt, Piment, Nelken, Korianderpulver, Muskat und Ingwer vermischen und luftdicht verschlossen aufbewahren.

_ Point-Virgule bietet einige fertige Marinaden von Peter De Clercq an. Gibt's im Onlineshop des Restaurants Elckerlijc.

/ FEUERAROMEN

FEUERAROMEN SIND FÜR MICH UNVERZICHTBARE BESTANDTEILE für ein gelungenes Barbecue. Beim Grillen isst nicht nur das Auge, sondern auch die Nase mit. Die dabei aufsteigenden Düfte stammen zum einen von dem, was auf dem Rost liegt, aber auch vom Feuer selbst. In unserem Restaurant experimentieren wir immerzu mit neuen Aromen bei der Zubereitung unseres Fleisches. Die Erfahrung zeigt uns, dass die verschiedenen Fleischsorten unterschiedliche Aromen brauchen. Rindfleisch aus Spanien passt zum Beispiel hervorragend zum Raucharoma von Olivensteinen. Rindfleisch aus England bevorzugt Holzschnitzel von Jack-Daniel's-Fässern, während zu seinem italienischen Pendant eher das Holz von Zitronen- oder Orangenbäumen passt. Da ist es nicht verwunderlich, dass man ein belgisches Stück Fleisch am besten über Holzkohle mit Bierfassschnitzeln von Gueuze Lambic grillt.

RAUCHKRÄUTER

Rauchkräuter sind eine Mischung aus allerlei getrockneten und grob zerkleinerten Kräutern. Man streut eine Handvoll über die Holzkohle, die Gasbrenner oder die heiße Platte, um Fisch oder Gemüse ein feines Aroma zu verleihen.

OLIVENSTEINE

Die Olivensteine werden getrocknet und gemahlen und während des Grillens unter den Fisch oder das Fleisch ins Feuer gestreut, um dem Grillgut einen besonderen Geschmack zu verleihen.

CASCARA

Cascara besteht aus den getrockneten Schalen der Kaffeekirsche. Zum Grillen wird eine Handvoll Cascara 10 Minuten in Wasser eingeweicht und während des Grillens unterhalb des Grillguts ins Feuer geworfen. Cascara verleiht ihm ein feines, etwas süßliches Aroma und passt gut zu Geflügel und Desserts.

HOLZ

Weinreben, Eichenfässer von Jack Daniel's, Holzschnitzel von Bier-, Wein-, Cognac-, Sherry- und anderen Fässern, Schnitzel von Zitronen-, Orangen-, Zedernholz und anderen Hölzern und so weiter: Alle Holzarten müssen beim Grillen erst in Wasser eingeweicht werden, um die Aromen freizusetzen. Dann werden sie in das Feuer gestreut. Durch das enthaltene Wasser entsteht Rauch, der dem Grillgut zusätzlich Geschmack gibt. Zum Räuchern wird das Holz allerdings im trockenen Zustand verwendet.

Orangenholz

Jack-Daniel's-Fässer

Zitronenholz

Buchenholz

Gueuze-Lambic-Fässer

Zedernholz

/ SAUCEN

S

IN MEINEN GERICHTEN SPIELEN SAUCEN IM ALLGEMEINEN NICHT DIE HAUPTROLLE. Beim Grillen will ich den Geschmack lieber durch Gewürze, Marinaden und Raucharomen erzeugen, wodurch komplizierte Saucen oft überflüssig werden. Trotzdem leugne ich nicht, dass selbst gemachte Pickles oder eine Sauce Tartare manche Gerichte perfekt ergänzen. Hier gebe ich nun einige Rezepte für typische Basissaucen preis, deren Zubereitung Spaß macht und die jedem Grillgericht noch einen Hauch mehr Geschmack verleihen.

PICKLES

300 g Blumenkohl
150 g junge Möhren
250 g eingelegte Gurken
200 g Babymais
250 g kleine Silberzwiebeln
200 g Erbsen oder Bohnen
5 frische Lorbeerblätter
3 EL Salz
75 g Senfpulver
1 EL Ingwerpulver
1 EL Kurkuma, gemahlen
2 TL frisch gemahlener Pfeffer
60 g Mehl
750 ml Wein- oder Kräuteressig, nach Geschmack

Blumenkohl und Möhren putzen und mit den Gurken und den Maiskolben in 1 cm große Stücke schneiden. Zusammen mit Silberzwiebeln, Erbsen oder Bohnen und Lorbeerblättern in eine Schüssel geben, mit dem Salz vermischen und über Nacht zugedeckt stehen lassen.
Senf- und Ingwerpulver mit Kurkuma, Pfeffer und Mehl vermengen. Nach und nach Essig zugießen und glatt rühren. Das Gemüse zugeben und 10 Minuten erhitzen, bis die Sauce etwas andickt.
Die Pickles in sterilisierte Gläser füllen und verschließen.
6 Monate im Keller oder an einem kühlen, lichtgeschützten Ort ruhen lassen.

NAM JIM
MEINE THAILÄNDISCHE LIEBLINGSSAUCE

400 ml Wasser
400 ml Weißweinessig
450 g Zucker
3 große rote Chilischoten
6 Zehen Knoblauch
8 Stängel Koriander mit Wurzeln
1 Prise grobes Meersalz

Wasser, Essig und Zucker zum Kochen bringen und rühren, bis der Zucker geschmolzen ist.
Chilis, Knoblauch und Koriander fein hacken und in einem Mörser zu einer Paste zerdrücken.
Die Paste zu der Essigmischung in den Topf geben und ca. 20 Minuten köcheln lassen, bis die gewünschte Konsistenz erreicht ist. Mit Meersalz abschmecken.
Die Sauce warm in sterilisierte Flaschen füllen und gut verschließen. Auf dem Deckel stehend abkühlen lassen. Diese Sauce ist im Keller oder an einem kühlen Ort einige Wochen haltbar.

CHICAGO-BARBECUESAUCE

100 g brauner Zucker
80 ml Ketchup
100 ml Apfelcider-Essig
2 EL Worcestersauce
1 gestr. EL Chilipulver
1 gestr. EL Cayennepfeffer
1 TL Senfpulver
1 Prise Knoblauchpulver
1 TL Kreuzkümmelsamen
Pfeffer
Salz

Den Zucker zusammen mit Ketchup in einem Stieltopf schmelzen und mit Essig und Worcestersauce ablöschen.
Die Sauce bei geringer Hitze einkochen lassen und mit Chilipulver, Cayennepfeffer, Senf- und Knoblauchpulver und den Kreuzkümmelsamen würzen. Mit Pfeffer und Salz abschmecken.
Die Sauce mit Wasser strecken, bis sie die gewünschte Konsistenz erhält.

SALATDRESSING

2 Eigelb
1 TL Savora-Senf
2 Zehen Knoblauch
3 Anchovisfilets
1 EL Worcestersauce
45 ml Weißweinessig
Pfeffer
Salz
150 ml Olivenöl

In einem Standmixer Eigelbe, Senf, gepressten Knoblauch, Anchovisfilets, Worcestersauce und Essig zu einer glatten Sauce pürieren.
Mit Pfeffer und Salz abschmecken.
Nach und nach das Olivenöl zugeben und zu einem Dressing aufschlagen.

SAUCE TARTARE

1 Ei, hart gekocht
1 EL Kapern
200 g hausgemachte Mayonnaise
2 Schalotten, fein gehackt
1 EL Ketchup
1 TL Sambal Oelek
1 EL Schnittlauch, fein gehackt
1 EL Petersilie, fein gehackt
1 TL Pesto

Das Ei mit einer Gabel zerkleinern. Die Kapern ausdrücken und zufügen. Mit der Mayonnaise und den anderen Zutaten zu einer Sauce Tartare verrühren.

/ GEMÜSE

NICHTS SCHMECKT BESSER ALS KNACKFRISCHES GEMÜSE, das man selbst angebaut und geerntet hat. Eine knackige Möhre direkt aus dem Boden. Ein riesiger Kürbis, den man kaum heben kann. Ein Blumenkohl, auf dem der Morgentau schillert. Schon seitdem ich ein kleiner Junge war, liebe ich selbst geerntetes Gemüse. 2010 begannen wir mit unserer Elckerlijc Farm, einem riesigen Gemüsegarten, in dem wir das meiste Gemüse für unser Restaurant anbauen. Auf der Karte wird dieses Gemüse mit einem kleinen EF-Symbol kenntlich gemacht, da ich stolz bin, unseren Gästen so etwas bieten zu können. Dieser Garten kostet natürlich viel Mühe und Zeit, doch ich genieße jede Minute. Auf der Farm ziehen wir sowohl alte als auch neue Gemüsesorten und nur das Beste ist uns gut genug. Was wir nicht selbst anbauen können, kaufen wir von Bauern aus der Umgebung, die ihrer Arbeit mit genauso viel Herzblut nachgehen wie wir.

- Für 4 Personen

PASTA MIT GEGRILLTEM GEMÜSE UND RICOTTA

1 gelbe Paprika
1 grüne Paprika
1 rote Paprika
1 Zucchini
1 Rispe Kirschtomaten
200 ml Olivenöl
Kräutersalz für Gemüse (s. Rezept auf Seite 110)
1 Handvoll Rauchkräuter
600 g bissfest gekochte Pasta
Pfeffer
Salz
4 EL glatte Petersilie, fein gehackt
250 g Ricotta
Saft von 1 Zitrone
2 Stängel Basilikum

Die Paprika putzen, von Samen und Scheidewänden befreien und in grobe Stücke schneiden. Zucchini in 1 cm dicke Scheiben schneiden. Paprika, Zucchini und Kirschtomaten mit Öl benetzen und mit Kräutersalz würzen. Im Wokaufsatz 10 Minuten bei mittlerer Hitze grillen. Rauchkräuter unter den Wok in die Glut geben.
Die Pasta mit 1 guten Schuss Olivenöl im Wok erhitzen. Mit Pfeffer und Salz würzen und die Petersilie zugeben.
Ricotta in eine große Schale reiben. Darauf die Pasta und danach das Gemüse geben. Mit Olivenöl und Zitronensaft beträufeln und mit ein paar Basilikumblättern garnieren.

- Für 4 Personen

GEMÜSEBURGER

FÜR DIE SAUCE:
4 reife Avocados
2 rote Chilischoten
1 Bund glatte Petersilie, grob gehackt
2 Zehen Knoblauch
100 ml Olivenöl
Saft von 1 Zitrone
1 TL geräuchertes Maldon Meersalz (erhältlich in gut sortierten Supermärkten oder online)

FÜR DIE MARINADE:
200 ml Olivenöl
2 Zehen Knoblauch
3 EL frische Kräuter aus dem Kräuterbeet, gehackt
Saft von 1 Zitrone

1 Aubergine
1 rote Paprika
4 Portobello-Pilze (Riesenchampignons)
Kräutersalz für Gemüse (s. Rezept auf Seite 110)
1 Handvoll Rauchkräuter
4 Hamburgerbrötchen
1 große, reife Tomate, möglichst aus dem Gemüsegarten
1 Eisbergsalat
feine Gartenkräuter wie Vogelmiere, Dill, Fenchel, Koriander ...

Für die Sauce die Avocados schälen und die Kerne entfernen. Die Chilischoten putzen, von Samen und Scheidewänden befreien und grob hacken. Avocados mit Chilischoten, Petersilie und geschälten Knoblauchzehen im Standmixer pürieren und mit Olivenöl und Zitronensaft glatt rühren. Mit Salz abschmecken.

Für die Marinade Olivenöl mit frisch gepresstem Knoblauch, Kräutern und Zitronensaft vermischen.
Die Aubergine in 5 mm dicke Scheiben schneiden. Die Paprika putzen, von Samen und Scheidewänden befreien und vierteln. Auberginenscheiben, Paprikastücke und Portobello-Pilze mit der Marinade einpinseln und mit dem Kräutersalz würzen. Auf dem Rost mit Rauchkräutern im Feuer grillen.

Die Brötchen aufschneiden und kurz mitgrillen. Die Tomate in Scheiben schneiden.

Etwas Sauce auf die untere Brötchenhälfte geben. Mit Eisbergsalat, gegrilltem Gemüse und Tomate belegen. Etwas Sauce darübergeben und mit frischen Gartenkräutern bestreuen.
Mit der oberen Brötchenhälfte abschließen.

- Für 4 Personen

VEGGIE-PATTYS

200 g Quinoa
Salz
200 g Blumenkohl
4 Frühlingszwiebeln
2 Blätter Bärlauch
1 EL Chia-Samen
200 g Fetakäse
4 Eier
75 g Haferflocken
Grillöl
Kräutersalz für Gemüse (s. Rezept auf Seite 110)

AUSSERDEM:
1 Handvoll Rauchkräuter oder Olivensteine

Quinoa nach Packungsanleitung in Salzwasser garen, abgießen und abkühlen lassen.
Blumenkohl in Röschen schneiden und die Röschen reiben. Frühlingszwiebeln und Bärlauch fein hacken und mit dem Blumenkohl vermischen. Chia-Samen, zerkrümelten Feta, Eier und Haferflocken untermischen. Zum Schluss Quinoa unterheben und die Mischung kurz im Kühlschrank fest werden lassen.

Aus der Masse kleine Bratlinge formen und diese weitere 12 Stunden in den Kühlschrank stellen.

Die Bratlinge mit Grillöl und Kräutersalz einreiben.
7 Minuten auf einem Häppchenrost grillen. Während des Grillens Rauchkräuter oder Olivensteine in das Feuer unter den Bratlingen streuen.

- Für 4 Personen

GEFÜLLTE TOMATEN MIT SÜSSKARTOFFELN AUS DER GLUT

2 Süßkartoffeln
2 Zehen Knoblauch
2 EL Quark
Kräutersalz für Gemüse (s. Rezept auf Seite 110)
2 EL Basilikum, geschnitten
4 Tomaten, möglichst aus dem Gemüsegarten
50 g Parmesan, geraspelt

Die Süßkartoffeln 30 Minuten in die glühende Holzkohle legen. Mit einer Gabel kontrollieren, ob sie gar sind. Die Süßkartoffeln schälen und mit dem gepressten Knoblauch und dem Quark pürieren. Mit Kräutersalz und Basilikum würzen.
Den oberen Teil der Tomaten abschneiden und die Tomaten aushöhlen. Mit dem Süßkartoffelpüree füllen.
Mit Parmesan bestreuen und im geschlossenen Grill 15 Minuten bei 185 °C überbacken.

- Für 4 Personen

GEMÜSEPIZZA VOM GRILL

FÜR DEN PIZZATEIG:
800 g 00 Pastamehl (fein gemahlenes, hochwertiges Mehl zur Nudelherstellung) + etwas für den Pizzastein
200 g feiner Grieß
70 g Hefe
650 ml lauwarmes Wasser
1 Prise Salz
1 Prise Zucker
3 EL Olivenöl

FÜR DIE TOMATENSAUCE:
2 kg reife Tomaten (Tomaten von höchster Qualität verwenden)
200 ml Olivenöl
4 Zehen Knoblauch, fein gehackt
2 Zweige Rosmarin, fein gehackt
grobes Meersalz
frisch gemahlener Pfeffer
50 g Zucker

FÜR DEN BELAG:
Gemüsescheiben nach Wahl
1 rote Zwiebel, in Scheiben
1 Kugel Mozzarella, in Scheiben
Oregano, fein gehackt

Für den Pizzateig Mehl und Grieß mischen und auf der Arbeitsplatte zu einem Hügel formen. In der Mitte eine Mulde bilden.
Die Hefe in das lauwarme Wasser bröckeln und stehen lassen, bis sie sich aufgelöst hat. Etwas Hefewasser in die Mulde gießen. Salz und Zucker an den Rand streuen.
Mit einer Gabel etwas Mehl unter das Hefe-Wasser-Gemisch rühren. Olivenöl und den Rest des Hefewassers zufügen. Alles zusammen zu einem geschmeidigen Teig verkneten.
Den Teig in vier (oder fünf) Kugeln teilen und unter einem feuchten Küchentuch 2 Stunden gehen lassen (oder 12 Stunden unter Frischhaltefolie im Kühlschrank).

Für die Tomatensauce die Tomaten kreuzweise einschneiden und kurz in kochendes Wasser legen. Danach sofort in ein Eiswasserbad geben und häuten. Mit den Händen die Samen und das meiste Wasser herausdrücken. Längs durchschneiden und mit der Schnittkante nach unten auf ein mit Backpapier ausgelegtes Blech legen.
Olivenöl mit Knoblauch und Rosmarin verrühren. Mit dem Öl die Tomaten beträufeln und mit Salz und Pfeffer würzen. Mit Zucker bestreuen und 3 Stunden bei 100 °C im Ofen backen.
Anschließend die Tomaten in einem Standmixer zu einer glatten Sauce verarbeiten.

Die Teigkugeln jeweils zu einem Pizzaboden ausrollen. Darauf 2 große Löffel Tomatensauce verteilen und mit Gemüse- und Zwiebelscheiben belegen. Zuletzt die Mozzarellascheiben verteilen und mit Oregano bestreuen.

Einen Pizzastein im Grill erwärmen und mit Mehl bestäuben. Die Pizza darauflegen und 5 Minuten bei 250 °C im geschlossenen Grill oder im Holzofen backen.

/ *FISCH, KRUSTENTIERE UND MUSCHELN*

AUF DEN GRILL KOMMEN BEI MIR NUR FISCHARTEN, DIE MIT DER ANGEL GEFANGEN WERDEN, denn ihr Fleisch ist fester. Fette Fische wie Makrele und Lachs eignen sich sehr gut. Seeteufel, Thunfisch und Lachs können ganz leicht auf Spießen gegrillt werden. Falls doch Fisch verwendet soll, der leicht zerfällt, dann wird er am besten in einem speziellen Grillkorb gegart. Ich experimentiere auch gerne mit dem „Beifang“, den die Fischer aus ihren Netzen holen und der oft einfach nur weggeworfen wird. Weniger bekannte Fischarten, wie zum Beispiel der Franzosendorsch, gelingen auf dem Grill erstaunlich gut.

- Für 4 Personen

JAKOBSMUSCHELN IN DER SCHALE

16 große Jakobsmuscheln
in der Schale
1 Schalotte, fein gehackt
200 ml trockener Weißwein
150 g eiskalte Butter
1 EL Dill, fein gehackt
1 EL Schnittlauch, fein gehackt
einige Safranfäden
1 TL Kreuzkümmelsamen,
geröstet und fein gemahlen
frisch gemahlener Pfeffer
Salz
Saft von 2 Limetten
2 Scheiben geräucherter Speck

AUSSERDEM:
Salzstein

Die Jakobsmuscheln öffnen und das Fleisch unter fließend kaltem Wasser säubern.
Schalotten und Wein in einem Topf erhitzen, bis der Wein zur Hälfte reduziert ist. Die Butter würfeln und unter die Sauce schlagen. Mit Dill, Schnittlauch, Safran, Kreuzkümmel, Pfeffer und Salz würzen. Zum Schluss den Limettensaft zugeben.
Das Muschelfleisch mit Pfeffer würzen und 2 Minuten auf dem Salzstein grillen. Zurück in die Schalen legen und die Sauce darübergeben. Mit dünnen Speckstreifen garnieren.

- Für 4 Personen

ORIENTALISCHE MUSCHELN AUS DEM QBAG

1,5 kg Muscheln
1 Stängel Zitronengras
1 Stück Ingwer (4 cm), geraspelt
4 Limettenblätter, grob gehackt
400 ml Kokosmilch
2 EL grüne Currypaste (s. Rezept auf Seite 102)
2 EL Fischsauce
Saft von 1 Zitrone
1 Bund Koriander, gehackt
1 Bund Minze, gehackt

AUSSERDEM:
4 Qbags (Alu-Grillbeutel)

Die Muscheln waschen.
Den inneren, weichen Teil des Zitronengrases fein hacken. Zusammen mit Ingwer und Limettenblättern zu den Muscheln geben und vermengen.
Kokosmilch, Currypaste, Fischsauce, Zitronensaft, Koriander und Minze verrühren.
Die Muscheln auf vier Qbags verteilen und die gewürzte Kokosmilch darübergießen. Die Grillbeutel verschließen und 12 Minuten auf den heißen Grill geben.
Die Muscheln sind gar, sobald sie sich öffnen.

- Für 4 Personen

ZANDER AUF SÜDAFRIKANISCHE ART

1 Zander à 2 kg
1 Bund Zitronenverbene
4 Bio-Zitronen
frische Fischmarinade (s. Rezept auf Seite 98)
Kräutersalz für Fisch (s. Rezept auf Seite 108)
Rauchkräuter
1 Baguette
1 Glas Aprikosenkonfitüre

Den Fisch ausnehmen und unter fließend kaltem Wasser waschen. Kerben in die Haut schneiden und mit Zitronenverbene füllen. Die Zitronen in Scheiben schneiden und in die Bauchhöhle geben. Den Zander mit Fischmarinade und Kräutersalz würzen. Fisch auf den Rost legen, Deckel schließen und ab und zu etwas Rauchkräuter in die Holzkohle werfen. In Südafrika wird der Fisch in Alufolie eingewickelt gegrillt, aber in einem geschlossenen Grill ist das nicht nötig. Der Zander ist gar, wenn sich die Rückenflosse herausziehen lässt. Den Fisch zusammen mit Baguette und Aprikosenkonfitüre servieren.

TIPP

_ Eine feuerfeste Schale mit Wasser und Wein unter dem Fisch verhindert das Anbrennen.

- Für 4 Personen

HEISS GERÄUCHERTE FORELLE MIT KARTOFFELSALAT

4 Forellen

FÜR DIE LAKE:
100 g grobes Meersalz
2 Flaschen Vedett Blond
2 EL Fenchelsamen
2 EL Koriandersamen
2 EL Zitronenmelisse, gehackt

FÜR DEN KARTOFFELSALAT:
1 kg Kartoffeln (z. B. Opperdoezer Ronde)
500 g junge Bohnen, blanchiert
500 g junger Sauerampfer
200 g saure Sahne
100 ml Weißwein
Saft von 1 Zitrone, nach Belieben
2 EL glatte Petersilie, gehackt

AUSSERDEM:
Orangenholz,
200 g Räucherspäne

Das Salz in Bier auflösen. Fenchel, Koriander und Zitronenmelisse zugeben. Die Forellen waschen und in der Lake über Nacht in den Kühlschrank stellen.

Den Grill mit Orangenholz anfeuern. Die Kartoffeln auf die graue Holzkohle legen. 30 Minuten garen und mit einer Gabel kontrollieren, ob sie weich sind.
Die Kartoffeln pellen und halbieren. Die Bohnen in Stücke schneiden. Den Sauerampfer putzen und fein hacken. Kartoffeln, Bohnen, Sauerampfer, saure Sahne, Weißwein, Zitronensaft nach Belieben und Petersilie vermengen.

Die Forellen aus der Lake nehmen und trocken tupfen. Die Temperatur des Grills auf maximal 100 °C regulieren und Räucherspäne auf der Holzkohle verteilen. Die Forellen auf einen Rost legen und bei geschlossenem Grill 1 Stunde räuchern.

Den filetierten Fisch mit dem Kartoffelsalat servieren.

- Für 4 Personen

KABELJAU AUF DEM SALZSTEIN MIT SÜSSSAUREM KOHLRABI

2 Kohlrabi
200 ml Weißweinessig
2 EL Rohrzucker
100 ml Martini Bianco
2 EL Sesamsamen, geröstet
2 EL Dill, gehackt
4 Kabeljaufilets à 200 g
frisch gemahlener Pfeffer
2 Handvoll frische Kräuter

AUSSERDEM:
Salzstein

Die Kohlrabi schälen und mit einer Reibe in dünne Scheiben schneiden.
Essig mit Zucker zum Kochen bringen und den Martini zugießen. Topf vom Herd nehmen, Sesam, Dill und Kohlrabi zugeben und über Nacht ziehen lassen.

Salzstein allmählich auf dem Grill erwärmen. Filets pfeffern und 4 Minuten auf dem Salzstein garen. Mit einem Spachtel wenden. Die Kräuter in eine große Schale geben und den Stein mit dem Fisch auf die Kräuter legen.

Die süßsauren Kohlrabi auf dem Fisch anrichten und diesen sofort servieren.

/ FLEISCH

F

ICH WILL WISSEN, WOHER DAS FLEISCH KOMMT, das ich verarbeite. Für mich ist der Ursprung wichtig. Rinder, die einige Jahre auf einer Weide grasen durften, schmecken so viel besser als das Fleisch, das heutzutage in den meisten Supermärkten zu finden ist. Ich plädiere daher dafür, immer die höchste verfügbare Fleischqualität zu wählen. Inzwischen halten wir unsere eigenen Rinder, eine alte ostflämische rotbunte Rasse, auf den Weiden hinter dem Restaurant. Diese Rasse war beinahe ausgestorben, doch durch unsere Bemühungen ist dieses Schicksal abgewendet worden. Unsere Rinder grasen mindestens sechs Jahre auf den Weiden nahe dem Wald. So nehmen sie den typischen Geschmack der Gegend auf und ihr aromatisches, marmoriertes Fleisch eignet sich wunderbar zum Grillen. Dasselbe gilt für unsere Schweine, die mit Respekt und viel Liebe gezüchtet werden.

- Für 4 Personen

TENNESSEE-RIPPCHEN

4 Rippchen

FÜR DIE MARINADE:
500 ml Apfelsaft
200 g Honig
300 ml Jack Daniel's Whiskey
einige Zweige Thymian
einige Lorbeerblätter
einige Zweige Rosmarin

AUSSERDEM:
1 Handvoll Jack-Daniel's-Holzschnitzel

Apfelsaft erwärmen und den Honig darin schmelzen.
Jack Daniel's, Thymian, Lorbeerblätter und Rosmarin zugeben und abkühlen lassen.
Die Rippchen 12 Stunden in der Marinade ziehen lassen. Etwas Marinade beiseitestellen.

Den Smoker oder den geschlossenen Grill mit einigen Briketts auf 115 °C erhitzen. Die Rippchen auf den Rost legen und Jack-Daniel's-Holzschnitzel auf die Briketts streuen.
Die Rippchen alle halbe Stunde mit Marinade bepinseln. 4 ½ Stunden backen lassen, damit sie den typischen Geschmack der amerikanischen Tennessee-Rippchen annehmen.

- Für 4 Personen

HACKBRATEN MIT ZIEGENKÄSE

1 rote Zwiebel
2 Eier
1,5 kg Gehacktes vom Schwein
1 Handvoll Panko (japanisches Paniermehl)
2 EL Salbei, gehackt
100 g Pistazien, gehackt
100 g eingelegte, sonnengetrocknete Tomaten, fein geschnitten
Kräutersalz fürs Barbecue (s. Rezept auf Seite 112)
250 g Ziegenkäse (Rolle)
Fleischmarinade (s. Rezept auf Seite 90)

FÜR DAS BIERBAD (WIRD ZWISCHEN DIE HOLZKOHLEN GESTELLT):
2 Flaschen dunkles Bier
500 ml Wasser
2 Stängel Salbei
1 Orange

AUSSERDEM:
2 Handvoll Cascara

Die Zwiebel schälen und fein hacken. Zusammen mit den Eiern zum Hackfleisch geben. Panko, Salbei, Pistazien und Tomaten zufügen und gut durchmischen. Mit dem Kräutersalz abschmecken.
Das Gehackte etwas ausrollen und die Ziegenkäserolle darauflegen. Das Fleisch rund um den Käse wickeln und andrücken. Mit der Fleischmarinade einreiben.

Das Bier mit Wasser, Salbei und der in Stücke geschnittenen Orange in eine feuerfeste Schale geben. Die Schale zwischen die Holzkohlen stellen.

Den Hackbraten auf dem Rost über dem Bierbad 40 Minuten bei 200 °C zugedeckt grillen. Cascara auf der Kohle gibt ein herrliches Aroma.

- Für 4 Personen

CÔTE À L'OS AUF SÜDAMERIKANISCHE ART

Möglichst Roastbeef von unserer flämischen Rinderrasse oder von Holsteinern wählen.

2 kg Côte à l'os, 4 Wochen gereift und ca. 4 cm dick
Olivenöl
frisch gemahlener schwarzer Pfeffer
geräuchertes Pyramidensalz (erhältlich in gut sortierten Supermärkten, in Gewürzläden oder online)

FÜR DIE SAUCE:

1 Knolle Knoblauch
300 ml hochwertiges Olivenöl
150 ml Rotweinessig
1 rote Zwiebel, fein gehackt
1 rote Chilischote, fein gehackt
1 Bund glatte Petersilie, fein gehackt
1 EL Oregano, gehackt
Pfeffer
Salz

AUSSERDEM:

1 Handvoll Holzschnitzel, z. B. von Jack-Daniel's-Fässern

Den Grill anheizen und dabei zwei Wärmezonen einrichten, indem an eine Stelle weniger Holzkohle gelegt wird.

Für die Sauce die Knoblauchknolle in die glühende Kohle legen. Nach 15 Minuten horizontal durchschneiden, die Knoblauchzehen herausdrücken und in eine kleine Schale geben. Olivenöl, Rotweinessig, Zwiebel, Chili, Petersilie und Oregano zugeben und vermischen. Mit Pfeffer und Salz abschmecken.

Das Fleisch mit Olivenöl einreiben und mit Pfeffer und Pyramidensalz würzen. Holzschnitzel in die Glut geben und das Roastbeef 5 Minuten von beiden Seiten grillen. Danach das Fleisch über die kühlere Zone legen und weitere 10 Minuten ruhen lassen.

Das Fleisch in Scheiben schneiden und mit der Sauce servieren.

- Für 4 Personen

LAMMBURGER IN WEINBLÄTTERN

750 g Gehacktes vom Lamm
2 EL Tomatenmark
1 TL Kreuzkümmel, gemahlen
1 TL Koriandersamen, gemahlen
2 Zehen Knoblauch
2 EL Koriander, gehackt
1 EL Ingwer, geraspelt
1 Ei
8 Weinblätter
Olivenöl
4 Burgerbrötchen
Chicago-Barbecuesauce (s. Rezept auf Seite 132)

Das Gehackte mit Tomatenmark, Kreuzkümmel und Koriander, gepresstem Knoblauch, frischem Koriander und Ingwer vermischen.

Das Ei unter die Hackfleischmasse kneten. Die Masse zu vier Pattys formen und zwischen zwei Weinblätter legen. Mit Olivenöl einreiben und bei mittlerer Hitze 8 Minuten grillen.

Die Brötchen aufschneiden und kurz mitgrillen. Mit den Lammburgern belegen und etwas Barbecuesauce darübergeben.

- Für 4 Personen

BEEF BRISKET

Brisket *ist die englische Bezeichnung für einen Teil der Rinderbrust. Die ganze Brust wird* whole packer *genannt. Der Teil dieses Muskels, der mehr oder weniger viereckig zugeschnitten wird, heißt* flat. *Darüber liegt der dreieckige* point. *Da Rinder keine Schulterblätter besitzen, trägt dieser Muskel sechzig Prozent des Körpergewichts und besteht daher aus sehr viel Bindegewebe. Das Fleisch muss korrekt zubereitet werden, damit es zart wird. Ein ganzes Brisket wiegt bis zu sechs Kilo und wird deshalb nur für eine große Gesellschaft zubereitet. Ein Versuch lohnt sich auf jeden Fall. Das Brisket schmeckt kalt auch wunderbar mit Senf als Brotbelag.*

Ein ganzes Brisket reicht für 10 Personen. Falls weniger mitessen, empfiehlt es sich, nur den Point-Teil zu nehmen.

FÜR DIE KRÄUTERMISCHUNG:

150 g grobes Meersalz
75 g schwarze Pfefferkörner, zerdrückt
2 EL Thymian, fein gehackt
5 Zehen Knoblauch
1 rote Chilischote, fein gehackt

AUSSERDEM:

Briketts
Schnitzel von Zedern-, Orangen- oder Olivenholz.
Kieselsteine
etwas Bier und Wasser, nach Belieben

Temperatur des Grills: 110 °C
Garzeit: 1½ Stunden pro kg Fleisch
Kerntemperatur des Fleischs: 95 °C

Das Salz mit Pfeffer, Thymian, gepresstem Knoblauch und Chili mischen. Das Fleisch mit dem Kräutersalz einreiben und 3 Stunden ruhen lassen.

Den Smoker mit Briketts anheizen. 1 Handvoll Holzschnitzel auf die Kohlen geben. Eine Schale voller Kieselsteine auf den Kohlen platzieren, damit sich die Temperatur besser im Grill verteilt. Eventuell noch etwas Bier und Wasser zu den Kieseln gießen. Den Rost auf die höchste Stufe des Smokers stellen und das Fleisch darauflegen. Den Grill schließen.

Alle halbe Stunde 1 Handvoll Holzschnitzel auf die Briketts geben. Das Raucharoma im Grill muss konstant bleiben.

Nach 6 Stunden das Fleisch in Backpapier einwickeln und den Rest der Zeit bei 60 °C ruhen lassen.

Die gesamte Garzeit kann 8 Stunden betragen. Am besten beginnt man daher morgens, um das Fleisch abends servieren zu können. Mit einem kühlen Bier in der Hand sollte das kein Problem sein.

Das Fleisch in 1 cm dicke Streifen schneiden. Mit Pickles (s. Rezept auf Seite 126) und Barbecuesauce (s. Rezept auf Seite 132) servieren. Dazu passen eine Pellkartoffel und ein Salat mit eingelegten Gurken.

/ GEFLÜGEL

G

DEN GESCHMACK EINES HUHNS AUS FREILANDHALTUNG kann man in keinerlei Hinsicht mit dem eines „Fabrikhuhns“, wie ich es nenne, vergleichen. Unsere Mechelner Hühner, Barbarie-Enten, Perl- und Seidenhühner haben einen Sommer lang Zeit, unter den Obstbäumen Kräuter, Blumen und Körner zu suchen. Es sind glückliche Tiere, die frei umherlaufen und Zeit bekommen, um erwachsen zu werden. Im Gegenzug geben sie uns außerordentlich geschmackvolles Fleisch.

- Für 4 Personen

PERLHUHN VOM BRETT MIT PESTO

4 Perlhuhnfilets

FÜR DAS PESTO:
6 Zehen Knoblauch
1 EL Mandeln
3 EL Senf
1 EL Honig
4 Stängel glatte Petersilie
4 Stängel Basilikum
4 Stängel Oregano
4 Frühlingszwiebeln
200 ml Olivenöl

AUSSERDEM:
1 Zedernholzbrett, in Weißwein eingeweicht

Den Knoblauch schälen und im Standmixer zusammen mit Mandeln, Senf, Honig, Petersilie, Basilikum, Oregano, Frühlingszwiebeln und Olivenöl zu einem Pesto verarbeiten.
Die Perlhuhnfilets mit dem Pesto einreiben und über Nacht im Kühlschrank ruhen lassen.

Das Zedernholzbrett auf den Rost des Grills legen. Die Filets darauf platzieren und bei geschlossenem Grill 15 Minuten bei 180 °C grillen.

- Für 4 Personen

ENTENSPIESS MIT ZUCCHINI-FENCHEL-SALAT

1 Bund glatte Petersilie
Olivenöl
2 Entenbrustfilets
3 Portobello-Pilze (Riesenchampignons)
30 g getrocknete Steinpilze
Pfeffer
Salz
Fleischmarinade (s. Rezept auf Seite 90)

FÜR DEN SALAT:
2 Fenchelknollen
2 kleine Zucchini
2 rote Zwiebeln
Kräutersalz für Gemüse (s. Rezept auf Seite 110)
100 ml Brombeeressig
1 EL Sojasauce
200 ml Olivenöl
1 EL Kreuzkümmelsamen
1 rote Chilischote, fein gehackt
1 EL Thymian, fein gehackt
geräuchertes Maldon Meersalz

AUSSERDEM:
Schnitzel von Orangen- oder Zitronenholz

Die Petersilie mit 1 Schuss Olivenöl im Standmixer pürieren.
Die Filets in 3 mm dicke Scheiben schneiden. Die Portobello-Pilze ebenfalls in dünne Scheiben schneiden. Die Steinpilze zu Pulver mahlen.
Zwei Scheiben Entenbrustfilet dachziegelartig übereinanderlegen, mit etwas Petersilienpaste bestreichen, mit Portobello-Scheiben belegen und mit Pfeffer und Salz würzen. Etwas Steinpilzpulver darüberstreuen. Fest aufrollen und aufspießen. Mit den verbleibenden Entenbrustfiletscheiben ebenso verfahren.

Die Fenchelknollen in 1 cm dicke Scheiben, Zucchini in Stücke schneiden. Zwiebeln schälen und in Ringe schneiden. Das Gemüse mit dem Kräutersalz im Wokaufsatz grillen.
Anschließend mit Essig, Sojasauce, Olivenöl, Kreuzkümmelsamen, Chili und Thymian vermengen. Mit Maldon Meersalz abschmecken.

Die Entenspieße mit Fleischmarinade einreiben und 5 Minuten von beiden Seiten bei mittlerer Hitze grillen. Einige Schnitzel Orangen- oder Zitronenholz auf die Kohlen geben.

- Für 4 Personen

SPAGHETTI CARBONARA MIT GERÄUCHERTEM HÄHNCHENBRUSTFILET

4 Hähnchenbrustfilets (einfache)
Fleischmarinade (s. Rezept auf Seite 90)
Kräutersalz für Geflügel (s. Rezept auf Seite 104)
2 Schalotten
1 Schuss Olivenöl
200 g geräucherte Speckstreifen
2 Zehen Knoblauch
2 Eier
200 ml Sahne
150 g Parmesan, geraspelt
500 g Nudeln
frisch gemahlener Pfeffer
Salz, nach Belieben
½ Bund glatte Petersilie
1 Zitrone

AUSSERDEM:
2 Handvoll Holzschnitzel oder Cascara

Die Filets mit Fleischmarinade und Kräutersalz einreiben. Bei mittlerer Hitze grillen. Holzschnitzel oder Cascara auf die Holzkohle oder, bei einem Gasgrill, zwischen die Flammen geben.

Die Schalotten schälen und fein würfeln. Mit Olivenöl anbraten, Speck und gepressten Knoblauch zufügen. Vom Grill nehmen.
Eier, Sahne und Käse verrühren. Zum Speck geben und zu einer Sauce vermengen.
Die Pasta bissfest garen und zur Sauce geben. Mit Pfeffer und eventuell etwas Salz abschmecken (Achtung: Der Speck ist auch schon salzig!).
Mit gehackter Petersilie bestreuen. Die Filets in Scheiben schneiden und auf die Pasta legen. Mit geviertelter Zitrone servieren.

- Für 4 Personen

HÄHNCHENFLÜGEL MIT CAPONATA

20 Hähnchenflügel

FÜR DIE MARINADE:
300 ml Olivenöl
Saft von 2 Zitronen
½ Bund Thymian, fein gehackt
4 Zweige Rosmarin, fein gehackt

FÜR DIE CAPONATA (SIZILIANISCHE SÜSSSAURE SAUCE MIT GRILLGEMÜSE):
1 Aubergine
1 Zucchini
2 Stangen Bleichsellerie
2 rote Zwiebeln
5 Zehen Knoblauch
300 ml Olivenöl
1 EL Zucker
100 ml Rotweinessig
1 EL Anchovispaste
1 EL Tomatenmark
250 g geschälte Tomaten (Dose)
2 EL Kapern, gewaschen
15 grüne Oliven ohne Stein
1 EL Oregano, getrocknet
1 Bund Petersilie, gehackt
Salz
Pfeffer

AUSSERDEM:
1 Handvoll Rauchkräuter oder Cascara

Das Olivenöl mit Zitronensaft, Thymian und Rosmarin vermengen. Die Hähnchenflügel darin eine Nacht im Kühlschrank marinieren.

Aubergine, Zucchini und Sellerie in 1 cm große Würfel schneiden. Zwiebeln schälen und fein hacken. Das Gemüse mit gepresstem Knoblauch in dem Olivenöl braten.

Das Gemüse mit Zucker karamellisieren und mit Essig ablöschen. Anchovispaste, Tomatenmark, Tomaten, Kapern, Oliven, Oregano und Petersilie zufügen. Mit Salz und Pfeffer abschmecken. Kurz aufkochen lassen und vom Grill nehmen. Abkühlen lassen.

Die Hähnchenflügel 5 Minuten auf dem mäßig heißen Grill braten. Für ein herrliches Aroma Rauchkräuter oder Cascara in die Holzkohle unter den Flügeln geben.

- Für 4 Personen

MEIN WM-HÄHNCHEN AUS JAMAICA

3 Flaschen leckeres Bier, z. B. La Chouffe
1 Bund Schokoladenminze
1 Stück Ingwer (2 cm), in Stücke geschnitten
1 rote Chilischote, fein gehackt
2 Stück Sternanis
6 Kardamomkapseln
4 Lorbeerblätter
1 Handvoll Cascara
1 großes Bio-Hähnchen (2,5 kg), am besten aus eigener Haltung
2 Bio-Limetten
1 Mango

AUSSERDEM:
2 Handvoll sauberes Heu

Das Bier aus der ersten Flasche mit Minze, Ingwer, Chili, Sternanis, Kardamomkapseln, Lorbeerblättern und Cascara bis an den Siedepunkt erwärmen, aber nicht kochen lassen. Das Bier vom Herd nehmen, abkühlen lassen, abseihen und mithilfe einer Marinierspritze in das Hähnchen injizieren.

Das Heu in dem Bier aus der zweiten Flasche einweichen. Limetten und Mango in grobe Stücke schneiden und zum Heu geben. Das Hähnchen mit Heu, Obst und Bier füllen.

Eine feuerfeste Schale in die Holzkohle stellen und mit dem Bier aus der dritten Flasche und 1 Glas Wasser füllen. Den Rost mit dem Hähnchen über der Schale platzieren und im geschlossenen Grill bei 180 °C 1 Stunde braten lassen.

/ *WILD*

WILD UND GRILLEN GEHÖREN AUF GANZ NATÜRLICHE WEISE ZUSAMMEN. Der Mensch geht auf die Jagd, schießt ein Stück Wild und bereitet es über dem Holzfeuer zu. Wohlschmeckender kann es nicht werden. Für mich bedeutet die Jagd eine Rückbesinnung auf die Essenz unserer Nahrung. Ich gehe gerne mit meinem Nachbarn Richard in den Wäldern und auf den Feldern der Umgebung auf die Jagd nach Niederwild. Warm eingepackt ziehen wir morgens früh los, um Hasen und Fasane zu schießen, und zwischendurch wärmen wir uns an einer Suppe aus der Thermoskanne wieder auf. Die Atmosphäre, wenn Männer unter sich sind, gefällt mir. Außerdem empfinde ich es als eine Herausforderung, Wildsorten auf dem Grill zuzubereiten, die ich in Südafrika kennengelernt habe, zum Beispiel hier eher unbekanntes Gnu- und Antilopenfleisch.

DIES IST EIN SCHMORGERICHT, ZU DEM ICH AUF EINER REISE NACH SÜDAFRIKA INSPIRIERT WURDE. NACHDEM ICH MIT DEM BRAAIMAN (SÜDAFRIKANISCH FÜR GRILLMEISTER) EINE FLASCHE BRANDY VERNICHTET HATTE, FRAGTE ICH IHN, WIE SEIN „POTJIE“ HEISSEN WÜRDE. „WALKIE-TALKIE“, SAGTE ER. „WALKIE FÜR DIE FÜSSE, TALKIE FÜR DEN NACKEN.“

- Für 4 Personen

„WALKIE-TALKIE“ VOM HIRSCH

1 kg Hirschnacken, in 2 cm dicke Scheiben geschnitten
1 kg Hirschschulter, in 2 cm dicke Scheiben geschnitten
Fleischmarinade (s. Rezept auf Seite 90)
Kräutersalz für Fleisch (s. Rezept auf Seite 106)
2 Zwiebeln
300 g geräucherter Speck
1 Bund junge Möhren
1 großer Schuss Olivenöl
250 g getrocknete Birnen
125 g Grapefruitkonfitüre
1 EL brauner Zucker
1 Zimtstange
6 Nelken
Saft von 2 Limetten
1 Flasche südafrikanischer Rotwein
Wildfond
1 Bund Petersilie, gehackt

AUSSERDEM:
Orangen- oder Zitronenholz

Das Fleisch mit der Fleischmarinade und dem Kräutersalz einreiben. Über einem mäßig heißen Grill (mit Orangenholz befeuert) braun grillen. Falls kein Orangenholz erhältlich ist, können eingeweichte Zitronenholzschnitzel zwischen die Holzkohlen gestreut werden.

Zwiebeln schälen und grob würfeln. Speck in Stücke schneiden. Möhren putzen und ebenfalls in Stücke schneiden. In einem Dutch Oven Feuertopf oder einem gusseisernen Bräter Olivenöl erhitzen. Zwiebeln, Möhren und Speck darin anbraten. Birnen, Grapefruitkonfitüre und Zucker zufügen. Zimt und Nelken kurz mitbraten. Mit Limettensaft und Wein ablöschen.

Das Fleisch in den Topf geben und mit Wildfond auffüllen, bis es gerade bedeckt ist. Ca. 1½ Stunden köcheln lassen, bis es weich ist. Die Garzeit richtet sich nach dem Alter des Hirschs.
Mit Petersilie garnieren. Zu diesem Gericht passen Kartoffeln, aber in Südafrika wird es traditionell mit Mais-Porridge gegessen.

ICH LERNTE CHRIS ERASMUS IN SÜDAFRIKA KENNEN, WO ER DAS RESTAURANT PIERNEEF AUF DEM WEINGUT LA MOTTE IN FRANSCHHOEK LEITET. ER IST EIN KREATIVER KOCH, DER MEINE LEIDENSCHAFT FÜR WILD UND DAS KOCHEN MIT KRÄUTERN AUS DER NATUR TEILT. „WILDEBEES" IST AFRIKAANS FÜR GNU. ES SCHMECKT ÄHNLICH WIE ANTILOPE. SOLL ES WENIGER EXOTISCH SEIN ODER IST GNU NICHT ERHÄLTLICH, KANN ES AUCH EIN SCHÖNES STÜCK LAMMFLEISCH SEIN.

- Für 4 Personen

ECHTES BOBOTIE
NACH CHRIS ERASMUS

2 Zwiebeln
1 kg Gnu- oder Antilopenfleisch (alternativ Lamm), gewolft
1 Schuss Olivenöl
1 dicke Scheibe Brot
250 ml Wildfond
1 Ei
250 ml Milch
2 EL Currypulver
1 TL Kurkuma, gemahlen
50 g Aprikosenkonfitüre
500 ml Rotweinessig
125 g Rosinen
1 EL Ingwer, geraspelt
100 g Mandelstifte, geröstet

FÜR DEN CUSTARD:
4 Limettenblätter
2 Eier
350 ml Milch

AUSSERDEM:
1 Handvoll Weinrebenholz, eingeweicht

Die Zwiebeln schälen, in Würfel schneiden und zusammen mit dem Fleisch in Olivenöl anbraten. Das Brot in Wildfond einweichen und mit einer Gabel flach drücken. Ei und Milch verrühren, Brot und Wildfond zufügen. Alles zum Fleisch geben und bis zum Siedepunkt erhitzen. Currypulver, Kurkuma, Aprikosenkonfitüre, Essig, Rosinen, Ingwer und Mandeln zufügen. Alles in eine ausreichend große Auflaufform geben, sodass noch Platz ist für den Custard.

Die Form 30 Minuten bei 180 °C in den geschlossenen Grill geben. Weinrebenholz zwischen die Holzkohle streuen.

Die Form aus dem Grill nehmen. Limettenblätter aufrollen und in das Fleisch stecken. Eier und Milch verrühren und über das Fleisch geben. Die Form noch ca. 20 Minuten in den Grill stellen, bis die Oberseite goldbraun ist. Mit Reis servieren.

- Für 4 Personen

WILDSCHWEIN-HAMBURGER MIT WALDPILZEN

200 g Gänseleber
600 g Wildschweinfleisch, gewolft
2 Schalotten, gehackt
Pfeffer
Salz
6 Wacholderbeeren, zerdrückt
1 EL Salbei, gehackt
Fleischmarinade (s. Rezept auf Seite 90)
4 Hamburgerbrötchen
2 Bund Rucola

FÜR DIE SAUCE:
2 große Zwiebeln
1 grüner Apfel
1 rote Paprika
1 Schuss Olivenöl
50 g Zucker
50 ml Balsamicoessig
1 TL Senfpulver

AUSSERDEM:
1 Handvoll Olivensteine

Für die Sauce Zwiebeln schälen und klein würfeln. Den Apfel schälen, entkernen und in 5 mm große Würfel schneiden. Paprika putzen, von Samen und Scheidewänden befreien und in gleich große Würfel schneiden.
Zwiebeln, Apfel und Paprika mit Olivenöl anbraten. Zucker darübergeben und karamellisieren lassen. Mit Essig ablöschen und mit Senfpulver abschmecken. Die Sauce 30 Minuten bei geringer Hitze köcheln lassen.

Gänseleber in 5 mm große Würfel schneiden und mit dem Hackfleisch und den Schalotten vermischen. Mit Pfeffer, Salz, Wacholderbeeren und Salbei würzen.

Aus der Mischung vier Pattys formen (eventuell eine Hamburgerpresse benutzen) und mit Fleischmarinade einreiben. Bei mittlerer Hitze grillen. Olivensteine in die Holzkohle unter den Hamburgern geben.

Die Brötchen aufschneiden und kurz mitgrillen. Die untere Hälfte mit dem Patty belegen. 1 Löffel Sauce darübergeben und mit etwas Rucola belegen. Die obere Brötchenhälfte daraufsetzen.

- Für 4 Personen

HERBSTSALAT MIT GEGRILLTEM FASANENFILET

1 kg grobes Meersalz
200 g Olivensteine
20 Schlosskartoffeln
6 kleine weiße Rüben
600 g gemischte Waldpilze
200 ml Olivenöl + Öl zum Beträufeln
frisch gemahlener Pfeffer
geräuchertes Pyramidensalz (erhältlich in gut sortierten Supermärkten, in Gewürzläden oder online)

2 rote Zwiebeln
4 Zehen Knoblauch
100 ml Nussöl
200 ml Rotweinessig
2 EL Trüffelpaste
4 Fasanenfilets
Fleischmarinade (s. Rezept auf Seite 90)
Kräutersalz für Geflügel (s. Rezept auf Seite 104)
4 EL Gojibeeren
gemischter Blattsalat (für 4 Personen)

AUSSERDEM:
1 Handvoll Rauchkräuter
1 Handvoll Zitronenholzschnitzel

Das Salz mit den Olivensteinen vermischen und in eine feuerfeste Schale geben. Die Kartoffeln darauflegen und 30 Minuten in einem heißen Grill oder im Ofen bei 200 °C backen.
Die Rüben zwischen die Holzkohle (oder bei einem Gasgrill in eine Schale mit Holzspänen) legen und garen.
Pilze putzen und mit ein wenig Olivenöl beträufeln. Mit Pfeffer und Pyramidensalz würzen. Im Wokaufsatz braten und dabei Rauchkräuter in die Holzkohle geben.
Zwiebeln und Knoblauch schälen. Zwiebeln in Ringe und Knoblauch in feine Scheiben schneiden. Ebenfalls im Wokaufsatz anbraten.

200 ml Olivenöl mit Nussöl, Essig und Trüffelpaste mischen.

Die Fasanenfilets mit Fleischmarinade und Kräutersalz einreiben.
Bei mittlerer Hitze 10 Minuten grillen. Zitronenholzschnitzel unter den Fasan in die Holzkohle geben.

Rüben schälen und vierteln. Zusammen mit den Pilzen, Zwiebeln, Knoblauch und den Gojibeeren zum Salat geben. Die Fasanenfiletscheiben darauflegen. Zum Schluss die Trüffelvinaigrette darüberträufeln. Den Salat zusammen mit den Kartoffeln servieren.

TIPP

_ Die Kartoffeln halbieren, bevor sie unter den Salat gemischt werden.

- Für 4 Personen

LAUWARMES STEAK TATAR VOM HIRSCH AUF DEM SALZSTEIN

800 g Hirschfleisch, grob gewolft oder von Hand klein geschnitten
2 EL Schalotten, fein gehackt
1 TL Pesto
2 EL Ketchup
2 EL Senf
einige Tropfen geräucherter Tabasco
10 Kapernfrüchte, in Scheiben
400 g Totentrompeten (oder andere Waldpilze nach Wahl)
2 EL Haselnussöl
1 Bund Rucola

AUSSERDEM:
1 Himalayasalzstein
1 Handvoll Rauchkräuter
2 Handvoll Tannennadeln

Den Salzstein langsam im Grill aufheizen.

Das Fleisch, Schalotten, Pesto, Ketchup, Senf und Tabasco mit den Kapernfrüchten vermengen. In vier Kochringe pressen.

Die Pilze putzen und mit etwas Nussöl beträufeln. Im Wokaufsatz grillen und dabei Rauchkräuter in die Holzkohle streuen.

Die Tannennadeln auf einen großen Teller oder in eine große Schale geben und den heißen Salzstein darauflegen. Mithilfe eines Spatels das Fleisch auf den Stein legen und die Ringe entfernen.

Die Pilze auf das Fleisch geben. Mit Rucola garnieren und auf dem Salzstein servieren.

TIPP

_ Unter einer Wärmeglocke bekommt das Fleisch noch mehr Tannenaroma.

/ SÜSS

ICH BIN NICHT SO SEHR FÜR SÜSSES und brauche am Ende einer Mahlzeit nicht unbedingt ein Dessert. Trotzdem finde ich es schön, mir für meine Gäste im Restaurant einen süßen Abschluss des Menüs auszudenken. Und natürlich bereite ich den Nachtisch am liebsten auf dem Grill zu.

- Für 4 Personen

IN HEU GEGRILLTE WASSERMELONE MIT APFELSIRUP

500 ml Darjeeling oder grüner Tee
1 Flasche Cider (750 ml)
1 kleine Wassermelone
3 EL Apfelsirup
4 Kugeln Sahneeis

AUSSERDEM:
2 Handvoll sauberes Heu

Tee und die Hälfte des Ciders in eine Schüssel geben und das Heu darin einweichen.
Die Wassermelone in 1,5 cm dicke Scheiben schneiden. Die Scheiben in einen Grillrost zwischen zwei Schichten Heu klemmen. Den Apfelsirup in einem Stieltopf erhitzen und mit dem restlichen Cider auffüllen.
Die Wassermelone 10 Minuten grillen. Vom Grill nehmen, Heu entfernen und mit Eis und Sirupsauce servieren.

- Für 4 Personen

SCHOKOLADENFLAN VOM GRILL

200 g Kuvertüre
6 Eigelb
75 g Vanillezucker
250 ml Sahne
250 ml Milch
Butter zum Einfetten
2 Passionsfrüchte
gehackte Nüsse zum Garnieren, nach Belieben

Die Schokolade in einem Wasserbad schmelzen.
Eigelbe und Vanillezucker schaumig rühren. Nach und nach die geschmolzene Schokolade, Sahne und Milch unterrühren.
Vier feuerfeste Schalen einfetten und mit der Schokoladencreme füllen. 30 Minuten im Wasserbad bei 170 °C in den geschlossenen Grill stellen. Der Flan muss von oben fest sein, von innen aber noch flüssig.
Mit Passionsfrüchten und auf Wunsch mit Nüssen garnieren.

- Für 4 Personen

APFEL-CRUMBLE VOM GRILL

4 Granny-Smith-Äpfel
4 Pink-Lady-Äpfel
100 g Pekannüsse, gehackt
Butter zum Einfetten

FÜR DIE SAUCE:
200 ml Wasser
200 g Zucker
1 Zimtstange
1 Vanilleschote
1 Schuss Calvados, nach Belieben

FÜR DEN CRUMBLE:
90 g Mehl
65 g Puderzucker
75 g weiche gesalzene Butter
Abrieb von 1 Bio-Zitrone
Abrieb von 1 Bio-Limette

Die Äpfel schälen, entkernen und in Stücke schneiden. Mit den Nüssen mischen und in eine gefettete Auflaufform geben.

Für die Sauce Wasser mit Zucker zum Kochen bringen. Zimtstange und längs aufgeschnittene Vanilleschote zufügen. Zu Sirup einkochen lassen. Zum Schluss nach Belieben Calvados zufügen. Das Mark aus der Vanilleschote kratzen und zur Sauce geben, Schote und Zimtstange aus der Sauce nehmen.

Für den Crumble Mehl und Puderzucker, Butter, Zitronen- und Limettenabrieb mit den Händen mischen.

Die Sauce über die Äpfel gießen und den Crumble darüber verteilen. 20 Minuten im geschlossenen Grill bei 180 °C goldbraun backen.

- Für 4 Personen

GEGRILLTE ANANAS MIT JOGHURT UND CASCARASIRUP

1 Ananas
Gewürzmischung für Desserts (s. Rezept auf Seite 114)
250 g Joghurt
Mark von 1 Vanilleschote
2 EL Walnüsse, gehackt
2 EL Minze, gehackt

FÜR DEN SIRUP:
200 ml Orangensaft
200 g Zucker
100 ml Ahornsirup
1 Handvoll Cascara

Für den Sirup Orangensaft, Zucker, Ahornsirup und Cascara aufkochen. Abkühlen lassen und abseihen.

Die Ananas schälen und in 1,5 cm breite Scheiben schneiden. Mit der Gewürzmischung bestreuen und von beiden Seiten auf dem Grill goldbraun backen.

Joghurt mit Vanillemark, Walnüssen und Minze vermengen.

Die Ananas mit Sirup und Joghurt servieren.

- Für 4 Personen

OPULENTE BANANE VOM GRILL

4 Bananen
Butter zum Einfetten
4 Scheiben Rührkuchen
Gewürzmischung für Desserts
(s. Rezept auf Seite 114)
250 g Kuvertüre
2 EL Minze, gehackt
200 ml Bacardi Reserva
1 Tüte Marshmallows
4 Kugeln Eiscreme

Die Bananen schälen und der Länge nach halbieren. Eine Auflaufform einfetten und mit Kuchenscheiben auslegen. Bananen darauflegen und mit der Gewürzmischung bestreuen.
Die Schokolade raspeln, mit der Minze mischen und über die Bananen geben. Mit Rum beträufeln und mit einer Lage Marshmallows bedecken.

15 Minuten bei mittlerer Hitze im geschlossenen Grill backen, bis die Marshmallows hellbraun werden. Mit je einer Kugel Eiscreme servieren.

04 / COCKTAILS

MOJITO

¼ Limette
8 Minzeblätter
20 ml Zuckersirup
50 ml Bacardi 8 Años
30 ml frisch gepresster Limettensaft
Crushed Ice
1 Stängel Minze

Limette, Minze und Zuckersirup in ein Bacardiglas geben und *muddlen**, bis die Aromen freigesetzt werden.
Rum und Limettensaft zugeben. Mit Crushed Ice auffüllen und mit Minzestängel garnieren.

* Als *„to muddle"* bezeichnet man das Zerstampfen von bestimmten Zutaten eines Cocktails. Dazu am besten einen unlackierten Muddler aus Holz oder Metall verwenden. Die Zutaten sanft pressen und den Muddler vorsichtig einige Male drehen. Der Saft muss aus der Frucht treten, doch die Minzeblätter dürfen nicht völlig zerrupft sein.

TIPP

_ Die Spitze des Minzestängels in die Hand nehmen und leicht in die Hände klatschen, um die Aromen freizusetzen. Den Strohhalm und die Minze dicht nebeneinander ins Glas stecken, sodass das Minzearoma gut wahrgenommen wird.

CAIPIRINHA

½ Limette
50 ml Sagatiba Cachaca
20 ml Zuckersirup
Crushed Ice

Die halbe Limette teilen, 1 Viertel in ein Glas legen und mit Sagatiba Cachaca und Zuckersirup übergießen. Mit Crushed Ice auffüllen, umrühren und mit dem restlichen Limettenviertel garnieren.

ELCKERLIJC COLLINS

50 ml Bombay Sapphire
30 ml Zitronensaft
20 ml Hot-Oregano-Sirup*
Pomelo Essence
5 – 6 Eiswürfel

Gin, Zitronensaft, Sirup und einige Tropfen Pomelo Essence mit 1 Eiswürfel in einen Shaker geben und 8 – 10 Sekunden shaken (*dry shake**).
Dann weitere 4 – 5 Eiswürfel zugeben und wieder 8 – 15 Sekunden shaken (*wet shake**).
Den Cocktail in ein Glas gießen.

* Für den Sirup einige Zweige des Griechischen Oregano „Hot and Spicy" in Zuckersirup einlegen. Dieser Oregano ist viel schärfer als der normale und erinnert an Chilis.

FRAMBLE

50 ml Bombay Sapphire
25 ml Grapefruitsaft
25 ml Limettensaft
Crushed Ice
25 ml Himbeersirup

Gin, Grapefruitsaft und Limettensaft in einen Shaker geben und 8 – 12 Sekunden shaken.
Den Cocktail durch ein Sieb in einen *Tumbler** gießen und mit Crushed Ice auffüllen. Für einen *bleeding* Effekt den Sirup über das Eis träufeln.

OLD FASHIONED

50 ml Jack Daniel's Single Barrel
10 ml Süßholzsirup
3 Schuss Angosturabitter
Orangenzeste

Whiskey mit Süßholzsirup und Angosturabitter verrühren (*to stir*). Mit der Zeste garnieren.

SAPPHIRE
DRY GIN
INFUSED
SAPPHIRE
EAST
No TEN
CALVADOS
COQUEREL
Fine Calvados
BOBBY'S

DRY GIN
HENDRICK'S GIN
GIN MARE
BUSHMILLS SINGLE MALT IRISH WHISKEY 10
LAPHROAIG ISLAY SINGLE MALT SCOTCH WHISKY AGED 10 YEARS 1815
JAMESON 12
THE SINGLETON Single Malt Scotch Whisky of Dufftown 12
OBAN

PHANTALASSA

45 ml Johnnie Walker Blue Label
30 ml Zitronensaft
25 ml Basilikumsirup
¼ Apfel
2 Msp. Algenpfeffer
Eiswürfel

Whisky, Zitronensaft und Basilikumsirup in den großen Teil des Shakers geben.
Den Apfel in Stücke schneiden und im kleinen Teil des Shakers leicht zerstoßen (*to muddle*). Den Algenpfeffer zugeben.
Alles zusammen 5 – 7 Sekunden ohne Eiswürfel shaken (*dry shake**).
Dann 7 – 10 Sekunden mit Eiswürfeln shaken (*wet shake**). Den Cocktail durch ein Sieb in einen *Tumbler** gießen.

STAR OF BOMBAY

25 ml japanischer Sake
25 ml Bombay Sapphire
25 ml Lillet (französischer Aperitifwein)
25 ml Salbeisirup
Zitronenzeste

Sake, Bombay Sapphire, Lillet und Salbeisirup in ein Cocktailglas geben. 20 – 25 Sekunden mit einem langen Cocktaillöffel (*bar spoon*) umrühren. Den Cocktail in ein gekühltes Martiniglas seihen und mit der Zitronenzeste verzieren.

EINE ABWANDLUNG DES KLASSISCHEN GINFIZZ

ELCKERLIJC-FIZZ

45 ml Bombay Sapphire
30 ml Zitronensaft
25 ml Cascarasirup (s. Rezept auf Seite 307)
1 Eiweiß
Eiswürfel
Zitronenzeste

Bombay Sapphire, Zitronensaft und Cascarasirup in einen Shaker geben.
Das Eiweiß zufügen und den Cocktail ohne Eis 5 – 7 Sekunden kräftig shaken (*dry shake**).
Das Eis zugeben und wieder 8 – 10 Sekunden shaken (*wet shake**). Mit der Zitronenzeste garnieren.

TIPP

_ Die Zeste über dem Glas einknicken, das verleiht dem Cocktail einen angenehmen Zitrusduft.

DIESEN ERFRISCHENDEN BIER-COCKTAIL SCHÄTZEN SOWOHL LIEBHABER VON SÜSSEN ALS AUCH VON SAUREN COCKTAILS.

ZURÜCK INS FASS
ELCKERLIJC SPEZIAL

25 ml Johnnie Walker Red Label
25 ml Geuze Mix Timmermans
25 ml Kamillensirup
8 ml Brombeeressig
1 Eiweiß
Eiswürfel
2 Schuss Plum Bitters (Fee Brothers)

Whisky, Geuze Mix, Kamillensirup und Brombeeressig in einen Shaker geben.
Das Eiweiß zufügen und 5 – 7 Sekunden ohne Eis shaken (*dry shake**).
Eis zugeben und 8 – 10 Sekunden shaken (*wet shake**). Für ein fruchtiges Aroma mit Plum Bitters abschmecken.

* *dry shake:* Ohne Eis oder mit nur einem Eiswürfel schütteln. Fast alle Cocktails mit Eiweiß werden ohne Eis geshaked. So bekommt das fertige Getränk eine schöne Schaumkrone.

* *wet shake:* Shaken mit Eis.

* *Tumbler:* Trinkglas mit einem flachen Boden.

05 / TOP-KREATIONEN

DIE HAUTE CUISINE DES RESTAURANTS ELCKERLIJC

IN EINEM RESTAURANT WIRD NORMALERWEISE ANDERS GEKOCHT ALS ZU HAUSE. Im Restaurant gibt es viele helfende Hände und viele Geräte, die besondere Zubereitungsarten möglich machen. Außerdem sind für Köche viele Zutaten erhältlich, die es im normalen Einzelhandel nicht gibt.

Anlässlich unseres Jubiläums verrate ich fünfundzwanzig Rezepte aus dem Restaurant Elckerlijc. Die Rezepte sind aufwendig und man braucht einige Erfahrung in der Küche, um die Gerichte zuzubereiten. Die Beschreibungen sind auch viel weniger umfassend als bei den Basisrezepten. Einige Rezepte benötigen einige Tage Vorbereitungszeit und sind nur für große Mengen geeignet. Doch ich bin mir sicher, dass viele Hobbyköche sich freuen werden, an den Küchengeheimnissen unseres Restaurants teilzuhaben.

- Für 4 Personen

GEGRILLTE ROHRKOLBEN-STANGEN MIT RHABARBER UND BRENNNESSELN

12 Rohrkolbenstangen
2 Handvoll Spitzen junger Brennnessel
8 Eiswürfel aus Hühnerbrühe
200 g Rhabarber
1 EL Rapshonig
200 ml Apfelsaft
50 ml Cointreau
Olivenöl
Pfeffer
Salz
12 Scheiben Coppa (geräucherter Schweinenacken, s. Rezept auf Seite 245)
einige Zweige Anis-Riesenysop

AUSSERDEM:
1 Handvoll Rauchkräuter

Den untersten, dicken Teil der Rohrkolbenstangen ca. 15 cm lang abschneiden. Die Stängel bis zum Kern schälen.
Die Brennnesseln in kochendes Wasser tauchen. Mit den Eiswürfeln mischen.
Rhabarber in 2 cm lange Stücke schneiden. In einem Stieltopf mit Honig, Apfelsaft und Cointreau garen.
Die Rohrkolbenstangen mit Olivenöl einreiben, salzen und pfeffern. Auf einem heißen Holzkohlegrill 8 Minuten grillen. Rauchkräuter in die Holzkohle geben.

Die Stängel auf einem Teller anrichten und dünne Scheiben Coppa darauf schmelzen lassen. Mit Brennnesseln und Rhabarber servieren. Mit Anis-Riesenysop garnieren.

TIPP

Anstelle von Rohrkolben kann auch ein ganzer Spitzkohl auf dem Grill zubereitet werden. 1 Handvoll Rauchkräuter in die Holzkohle geben und den Kohl garen lassen. Die äußeren, verbrannten Blätter entfernen und den Kohl vierteln.

200 g grobes Meersalz
50 g Rohrzucker
1 EL Wacholderbeeren, zerdrückt
1 EL Senfsamen
4 Nelken
5 Lorbeerblätter, zerdrückt
2 EL schwarze Pfefferkörner
2 EL Muskatsalbei, gehackt
1 ausgelöster Schweinenacken

AUSSERDEM:
Zedernholzschnitzel

COPPA

Das Salz mit Zucker, Wacholderbeeren, Senfsamen, Nelken, Lorbeerblättern, Pfeffer und Muskatsalbei vermengen und den Schweinenacken damit einreiben.
Das Fleisch mit dem Rest der Gewürzmischung in einen Beutel geben und vakuumieren. Den Schweinenacken 4 Wochen in den Kühlschrank legen.

Schweinenacken abspülen und trocken tupfen. Das Fleisch 2 Tage im Kühlschrank trocknen lassen.
Zum Schluss die Coppa 12 Stunden über Zedernholzschnitzeln kalt räuchern. An einem kühlen, gut belüfteten Ort trocknen lassen.

- Für 4 Personen

KÜRBISTARTE MIT CRUMBLE AUS RÄUCHERSPECK

250 g Mehl + Mehl zum Bestäuben
125 g Walnüsse, gehackt
1 TL Ingwerpulver
1 TL Muskat
1 TL Zimt
1 Ei
1 Prise geräuchertes Meersalz
150 g weiche Butter + Butter zum Einfetten

TEIG

Für den Teig Mehl mit Walnüssen, Gewürzen, Ei, Salz und Butter mischen. Den Teig in Frischhaltefolie wickeln und 2 Stunden im Kühlschrank ruhen lassen.
Ofen auf 180 °C vorheizen.
Den Teig 3 mm dick ausrollen. Kleine Tarteformen einfetten und mit Mehl bestäuben. Aus dem Teig Kreise ausstechen und die Formen damit auskleiden. Mit Backpapier belegen und die Blindfüllung daraufgeben. Den Teig 20 Minuten im Ofen backen.

1,5 kg Kürbis
30 g Ingwer, gerieben
70 g Butter
1 Prise geräuchertes Meersalz
100 ml Geflügelbouillon

KÜRBISPÜREE

In der Zwischenzeit das Püree zubereiten. Dazu den Kürbis in Stücke schneiden und in eine Auflaufform geben. Ingwer, Butter, Salz und Bouillon zufügen.
Die Form 30 Minuten in einen Holzofen oder geschlossenen Grill geben. Der Kürbis muss gar sein. Zu einem Püree mixen.

FÜLLUNG

150 g Butter
750 g Kürbispüree
100 g Zucker
125 g Mehl
2 TL Backpulver
3 Eier
1 Eigelb
250 ml Sahne
250 ml Milch

Butter in einem Topf hellbraun werden lassen (Noisette). Püree mit Zucker, Mehl, Backpulver, Eiern, Eigelb, Sahne und Milch vermengen. Die Butter zugießen und alles gut verrühren. Die Minitartes mit der Mischung füllen und bei 130 °C im geschlossenen Grill 35 Minuten backen.

CRUMBLE

einige Scheiben geräucherter Speck
1 Handvoll Holzkohlestaub von Orangenholz

Den Speck trocknen und fein reiben. Mit dem Holzkohlestaub mischen und über die Kürbistartes streuen.

AUSSERDEM:
getrocknete Hülsenfrüchte zum Blindbacken

- Für 4 Personen

GEGRILLTER SPARGEL MIT MOLKE-BIRKENSAFT-SCHAUM

16 Stangen Spargel
500 ml Hühnerbouillon
13 g Iota (Sosa)
Salz
1 Stich Butter
Zitronensaft
Molke
Birkensaft
Sucro (Texturas)
8 dünne Scheiben geräucherter Speck*
4 Wachteleier, 2 Tage lang tiefgefroren
Asche von Heu gemischt mit Panko

AUSSERDEM:
1 Handvoll Cascara

Die Spargelstangen schälen und die harten Enden abbrechen. Die Enden in der Bouillon kochen. In einem Thermomix mixen und abseihen. 900 g von der Spargelflüssigkeit mit Iota mischen, in Silikonformen gießen und im Kühlschrank steif werden lassen.

Den geputzten Spargel in Wasser mit Salz, Butter und ein wenig Zitronensaft kochen. Kurz auf den Grill legen und etwas Cascara unter den Spargel auf die Holzkohle geben.

Molke und Birkensaft zu gleichen Teilen mischen. Mit dem Sucro zu Schaum aufschlagen.

Den Spargel mit Spargelgelee, Molke-Birkensaft, geräuchertem Speck und gepellten Wachteleiern servieren.

Die Blöcke aus der Silikonform holen und mit Asche einreiben, sodass sie aussehen wie Holzkohle.

* Zum Räuchern des Specks kann das Rezept für Coppa verwendet werden.

- Für 4 Personen

TAUBEN ÜBER WEINFÄSSERN GERÄUCHERT

4 Haustauben
1 Stich Schmalz
1 Stängel Olivenkraut
½ Flasche Rotwein
1 kleine Zwiebel
1 Stange Bleichsellerie
1 Möhre
2 kleine Rüben
1 Handvoll Knollenzieste
1 großer Stich Butter
Thymian
Lorbeerblätter
4 Wacholderbeeren
500 ml brauner Fond
100 ml Cognac
1 kg Kartoffeln (z. B. Opperdoezer Ronde)
1 l flüssiges Fett von gereiftem Fleisch (Ochsenfett)

AUSSERDEM:
1 Handvoll Heu
4 Dauben eines Rotweinfasses

Von den Tauben Keulen und Filets abtrennen. Die Keulen mit Schmalz und Olivenkraut in einen Bratschlauch geben. Bei 62 °C 12 Stunden im Sous-vide-Garer garen lassen.

Das Heu in eine Auflaufform und darauf die Taubenkarkassen geben. Das Heu anzünden und mit Rotwein ablöschen.

Zwiebel, Sellerie, Möhre, Rüben und Knollenzieste putzen und in etwas Butter anschwitzen. Thymian, Lorbeerblätter und Wacholderbeeren zufügen und mit Fond und Cognac ablöschen. Die Karkassen zugeben. 8 Stunden bei kleinster Hitze ziehen lassen (nicht kochen), sodass eine leckere Sauce entsteht.

Die Kartoffeln schälen und in Ochsenfett garen.

Die Weinfassbretter mit den Innenseiten nach unten auf den Grill legen, bis sie zu schwelen beginnen. Dann umdrehen und die gewürzten Taubenfilets darauflegen. 5 Minuten in einen geschlossenen Grill geben und danach die Keulen auf einem Rost grillen.

Die Tauben in einer Schale mit glimmendem Heu zusammen mit frischem Gartengemüse, Sauce und Kartoffeln servieren.

- Für 4 Personen

JAKOBSMUSCHELN AUF DEM SALZSTEIN MIT FENCHELSALAT

200 ml Jus von Garnelenköpfen
100 ml Mirin (14 %)
100 ml schwarzer Reisessig
100 ml Saft von Kiyomi Tangor
25 ml Reisessig mit Agavendicksaft
100 ml Daidai-Saft
25 ml Ponzu mit Sudachi
1 EL Wasabi-Sesamsamen, geröstet
1 EL Gomasio
2 Fenchelknollen
16 frische Jakobsmuscheln
frisch gemahlener Pfeffer
1 Handvoll frische Gartenkräuter oder
4 Handvoll Fenchelgrün

AUSSERDEM:
Salzstein

Jus mit Mirin, schwarzem Reisessig, Kiyomi-Tangor-Saft, Reisessig mit Agavendicksaft, Daidai-Saft, Ponzu, Sesam und Gomasio zu einer Marinade verrühren.

Den Fenchel mit einer Reibe hauchdünn schneiden und über Nacht marinieren.

Die Jakobsmuscheln öffnen und das Fleisch unter fließend kaltem Wasser säubern und pfeffern. Inzwischen den Salzstein im Ofen oder Grill ca. 15 Minuten lang auf 250 °C erhitzen. Die Jakobsmuscheln auf den Salzstein legen.

Die Kräuter oder das Fenchelgrün in eine Schale oder auf einen Teller geben und den Stein darauflegen.

Eine gläserne Cloche über die Jakobsmuscheln stülpen. Mit dem Fenchelsalat servieren.

NORGE
HAND PICKED
BY DIVERS
Seashell

- Für 4 Personen

GEGRILLTER KREBS

1 kleine Sellerie
4 Möhren
4 Zwiebeln
Thymian
Lorbeerblätter
3 EL schwarze Pfefferkörner
3 EL Cayennepfeffer
1 rote Chilischote
5 Liter Wasser
4 Krebse à 500 g
Kräutersalz für Fisch (s. Rezept auf Seite 108)

FÜR DIE KRÄUTERBUTTER:

1 kg gesalzene Butter
50 g Zwiebeln, gewürfelt
1 Knolle Knoblauch
1 Handvoll frische Kräuter, z. B. Olivenkraut, Floh-Knöterich, Zitronenverbene, Currykraut, Duftnessel, Basilikum, Türkischer Drachenkopf, Kosmeen, Koriander …
2 EL Worcestersauce
Cayennepfeffer
Salz
Pfeffer

AUSSERDEM:

1 Handvoll Rauchkräuter

Sellerie, Möhren und Zwiebeln putzen und klein schneiden. Das Gemüse mit Thymian, Lorbeerblättern, Pfefferkörnern, Cayennepfeffer und Chili in Wasser kochen. Mit geschlossenem Deckel 4 Stunden ohne Kochen ziehen lassen.

Für die Kräuterbutter in der Küchenmaschine die Butter mit Zwiebel, gepresstem Knoblauch, gehackten Kräutern, Worcestersauce und Cayennepfeffer vermengen. Mit Salz und Pfeffer abschmecken.

Die Brühe zum Kochen bringen und die Krebse darin 7 Minuten kochen. In der Zwischenzeit die vorbereitete Kräuterbutter schmelzen.

Die Krebse längs halbieren und in der Butter schwenken. Mit Kräutersalz würzen und 3 Minuten über der heißen Kohlenglut mit der Fleischseite nach unten grillen. Rauchkräuter in der Holzkohle verleihen den Krebsen ein wunderbares Aroma.

BEI DIESEM GERICHT WOLLTE ICH DEM FLEISCH DEN GESCHMACK UNSERES BESONDEREN BOMBAY SAPPHIRE VERLEIHEN, OHNE UNSEREN JUBILÄUMSGIN ZU BENUTZEN. DARUM LIESS ICH DAS FLEISCH IN DEN KRÄUTERN REIFEN, DIE WIR FÜR DEN GIN VERWENDEN.

- Für 4 Personen

SCHOTTISCHES RIB-EYE „BOMBAY SAPPHIRE“

30 g schwarze Pfefferkörner
1 Stängel Zitronengras
30 g Wacholderbeeren
Abrieb von 1 Bio-Zitrone
30 g Korianderkapseln
30 g Mandeln, geröstet
60 g getrocknete Moosbeeren
30 g Rauchkräuter
1 Prise Cassia-Zimt
1 Stück Süßholz
10 g Nelken
50 g Cascara
1 schottisches Rib-Eye
Olivenöl
geräuchertes Pyramidensalz

FÜR DAS WEINBAD:
1 Flasche Rotwein
750 ml Wasser
1 Zweig Rosmarin
1 Knolle Knoblauch, halbiert
1 Zwiebel, grob geschnitten

AUSSERDEM:
1 Handvoll Jack-Daniel's-Holzschnitzel, eingeweicht

Pfefferkörner, Zitronengras, Wacholderbeeren, Zitronenabrieb, Korianderkapseln, Mandeln, Moosbeeren, Rauchkräuter, Zimt, Süßholz, Nelken und Cascara mischen. Das Fleisch in der Mischung in einem Beutel vakuumieren und 1 Woche im Kühlschrank ruhen lassen.

Das Fleisch aus dem Kühlschrank nehmen, die Kräuter grob abreiben und das Rib-Eye in der Kühlkammer vor die Lüftung hängen und weitere 3 Tage reifen lassen.

Das Fleisch mit Olivenöl einreiben und mit Pyramidensalz würzen.

Eine feuerfeste Schale in die Holzkohle stellen (am besten aus Olivenholz). Mit Wein, Wasser, Rosmarin, Knoblauch und Zwiebel füllen.

Das Fleisch oberhalb des Weinbades auf den Rost legen. Jack-Daniel's-Holzschnitzel auf die Holzkohle geben. Deckel schließen und das Fleisch 1 Stunde bei 220 °C braten lassen.

- Für 4 Personen

OCHSENSCHWANZ VERSTECKT IN WIRSING

1 dicke Stange Lauch
3 Stangen Bleichsellerie
4 Möhren
2 Zwiebeln
2 Ochsenschwänze
1 Knolle Knoblauch, halbiert
4 Lorbeerblätter
4 Zweige Thymian
4 Zweige Rosmarin
5 Nelken
1 Zimtstange
10 Wacholderbeeren
1 EL schwarzer Pfeffer
1 Flasche Rotwein
1 Wirsing
Salz
Pfeffer
Wassermelonensauce

AUSSERDEM:
Jack-Daniel's-Holzschnitzel, eingeweicht

OCHSENSCHWANZ VERSTECKT IN WIRSING

Lauch, Sellerie, Möhren und Zwiebeln putzen und grob hacken. Die Ochsenschwänze in Scheiben hacken. Fleisch und Gemüse in eine Auflaufform geben.
Knoblauch, Lorbeerblätter, Thymian, Rosmarin, Nelken, Zimt, Wacholderbeeren und Pfeffer zufügen. Den Wein zugießen und mit Wasser auffüllen, bis alles bedeckt ist.

Die Mischung in einen Holzofen oder geschlossenen Grill stellen und 4 Stunden bei 160 °C langsam garen. Regelmäßig 1 Handvoll Holzschnitzel in die Holzkohle geben.

Die Wirsingblätter abziehen, in kochendem Salzwasser blanchieren und sofort in Eiswasser tauchen, um die grüne Farbe zu erhalten.

Das Fleisch von den Knochen trennen und mit Salz und Pfeffer würzen. Boden und Rand von vier kleinen feuerfesten Schalen mit Kohlblättern auslegen, mit Fleisch auffüllen und mit Kohl bedecken.

Die Bratflüssigkeit vom Fleisch abseihen und einkochen lassen. Ein wenig von der Flüssigkeit über die Kohlküchlein geben. Im Kühlschrank steif werden lassen.

Die Küchlein kurz vor dem Servieren 20 Minuten in den geschlossenen Grill geben. Die Unterseite zuoberst auf dem Teller anrichten und mit Wassermelonensauce servieren (Rezept auf der nächsten Seite).

2 Stücke Orangenholzkohle
2 Liter Reisöl
4 Zehen Knoblauch
2 Zweige Rosmarin
Saft von ½ Wassermelone
Salz
Pfeffer

WASSERMELONENSAUCE

Die heiße Holzkohle in ein feuerfestes Gefäß geben und mit dem Öl auffüllen. Knoblauch und Rosmarin zufügen. 2 Wochen ziehen lassen.

Den Wassermelonensaft zu Sirup einkochen lassen. Mit dem Holzkohleöl verdünnen und mit Salz und Pfeffer abschmecken.

- Für 4 Personen

TOMATENCARPACCIO MIT GERÄUCHERTER BURRATA

TOMATENWASSER

1 kg Tomaten (am besten aus dem eigenen Garten, die Qualität ist dabei nicht so wichtig)
1 Handvoll Rauchkräuter
300 ml Weißwein
20 g geräuchertes Pyramidensalz
1 Prise Piment d'Espelette

Die Tomaten vierteln und in eine Auflaufform geben. Mit Rauchkräutern 10 Minuten in den Josper Grill stellen.
Den Wein zugießen und mit Salz und Piment d'Espelette würzen.
Tomaten im Standmixer zerkleinern, in ein Mulltuch geben und 24 Stunden lang austropfen lassen. Die Flüssigkeit auffangen.

TOMATENGELEE

150 ml Tomatenwasser
1,4 g Agar-Agar
3 g pflanzliche Gelatine (Sosa)

Tomatenwasser erwärmen, Agar-Agar und Gelatine einrühren. Das Gelee auf einen Teller gießen, steif werden lassen und in Würfel schneiden.

CARPACCIO

verschiedene Sorten Bio-Tomaten aus dem eigenen Garten
200 ml hochwertiges Olivenöl
2 EL Sherryessig
3 Kugeln Burrata*
2 EL Kürbiskerne
1 Bund Basilikum
2 EL Gojibeeren
frisch gemahlener schwarzer Pfeffer
geräuchertes Pyramidensalz

AUSSERDEM:
Olivensteine vermischt mit Sägemehl

Die Tomaten schälen und in hauchdünne Scheiben schneiden. Öl mit Essig mischen.
Die Burratakugeln 1 Stunde über Olivensteinen und Sägemehl kalt räuchern. Käse über die Tomaten zupfen, Vinaigrette darüberträufeln. Mit Frischhaltefolie bedecken und 6 Stunden im Kühlschrank marinieren lassen.

Die Kürbiskerne in einer beschichteten Pfanne ohne Fett rösten. Basilikum hacken und mit den Gojibeeren über die Tomaten und den Käse streuen. Mit Pfeffer und Pyramidensalz würzen und mit Tomatengelee servieren.

* Burrata ist ein cremiger Käse aus Süditalien, der traditionell aus Wasserbüffelmilch hergestellt wird. Er erinnert an Mozzarella, ist innen aber viel cremiger. Burrata passt gut zu vielen Sorten Basilikum und Olivenkraut.

BEI DIESEM GERICHT KANN ICH IN BEZUG AUF DIE KRÄUTER KEINE GENAUEN MENGENANGABEN MACHEN. WIR ENTSCHEIDEN JE NACHDEM, WIE VIEL WIR IM KRÄUTERGARTEN VORRÄTIG HABEN. NORMALERWEISE VERWENDEN WIR MEHR PETERSILIE, KERBEL UND SPINAT UND WENIGER OLIVENKRAUT, ZITRONENMELISSE ODER SALBEI. SO GELANGT MAN ZURÜCK AN DEN URSPRUNG DIESES GERICHTES, BEI DEM DER FISCHER DEN AAL AUS DEM WASSERGRABEN ZOG UND AUF DEM HEIMWEG DIE KRÄUTER PFLÜCKTE, DIE GERADE AM UFER WUCHSEN.

- Für 4 Personen

AAL IM GRÜNEN

2 kg fetter Flussaal
Transglutaminase
eine Kombination aus verschiedenen Kräutern wie z. B. Basilikum, Zimtbasilikum, Strauchbasilikum, Sauerampfer, Sauerklee, Ampfer, grüne Minze, Apfelminze, Salbei, Schnittlauch, Petersilie, Zitronenmelisse, Fenchel, Dill, Pimpinelle, Liebstöckel, Sellerie, Rotblättrige Japan-Petersilie, Zitronenverbene, Russischer Estragon, Kapuzinerkresse, Schafgarbe, Kleiner Sauerampfer, Giersch, Brennnessel, Kerbel, Spinat ...
6 Schalotten, gewürfelt
2 g Santana pro Liter Sauce
Salz
Pfeffer
1 kg Kartoffeln (z. B. Opperdoezer Ronde)
geschmolzenes Ochsenfett von gereiftem Rindfleisch
Fischmarinade (s. Rezept auf Seite 98)
Kräutersalz für Fisch (s. Rezept auf Seite 108)

AUSSERDEM:
1 Handvoll Rauchkräuter

Den Aal häuten und filetieren. Aus den Gräten eine kräftige Bouillon ziehen, in Eiswürfelformen gießen und einfrieren.

Die Filets auf eine Arbeitsplatte legen, den unteren Teil mit der Transglutaminase bestreuen und den oberen Teil wieder auflegen. Den Fisch in einen Vakuumierbeutel geben und vakuumieren. Den Aal 20 Minuten im Wasserbad bei 70 °C garen lassen.

Die Kräuter unter fließend kaltem Wasser waschen und kurz in kochendes Wasser legen. Danach sofort in Eiswasser geben und gut abtropfen lassen. Im Thermomix mit den Schalotten und Eiswürfeln zu einer dicken Sauce verarbeiten. Mit Santana binden, mit Salz und Pfeffer abschmecken und die Sauce durch ein feines Sieb streichen.

Die Kartoffeln in Ochsenfett garen, ohne sie zu frittieren.

Den Aal mit Fischmarinade und Kräutersalz einreiben. 4 Minuten über heißer Holzkohle grillen, dabei Rauchkräuter in die Kohle unter dem Aal geben.

Die Sauce erhitzen und zusammen mit dem Aal und den Kartoffeln servieren.

- Für 4 Personen

DREIMAL MATJES

100 g extrafeine Prinzessbohnen
1 Ochsenherztomate
1 Apfel (Granny Smith)
1 Schalotte, fein gewürfelt
½ Zehe Knoblauch
2 EL Quark
1 TL glatte Petersilie, gehackt
100 ml Tannennadelöl
1 EL Rainfarnessig
4 Matjes
einige Scheiben Vollkornbrot

ERSTE ZUBEREITUNG
MATJES MIT BOHNENSALAT

Bohnen kochen und in Eiswasser tauchen, damit sie grün bleiben.

Tomate häuten und die Kerne entfernen. Apfel entkernen. Das Fruchtfleisch von Tomate und Apfel und die Bohnen in kleine Würfel schneiden. Schalotte und gepressten Knoblauch zugeben. Mit Quark, Petersilie, Öl und Essig gut vermengen.

Matjes in kleine Würfel schneiden. Mit geröstetem Vollkornbrot und dem Bohnensalat servieren.

4 Matjes
16 Silberzwiebeln, in Balsamico eingelegt
Fischmarinade (s. Rezept auf Seite 98)
Kräutersalz für Fisch (s. Rezept auf Seite 108)
200 ml Ingwersirup
100 ml Sojasauce
1 EL Schnittlauch, gehackt

AUSSERDEM:
8 Süßholzspieße
1 Handvoll Rauchkräuter

ZWEITE ZUBEREITUNG
MATJES MIT SOJASAUCE

Jeweils einen halben Matjes mit ein oder zwei Silberzwiebeln ziehharmonikaförmig auf einen Süßholzstab spießen. Mit Fischmarinade und Kräutersalz einreiben und kurz über heißer Holzkohle grillen. Für das Aroma die Rauchkräuter auf die Kohlen geben.

Ingwersirup mit Sojasauce und Schnittlauch mischen. Die Matjes mit der Sauce servieren.

DRITTE ZUBEREITUNG

GERÄUCHERTER MATJES MIT TARTAR

1 Matjes

FÜR DAS TARTAR:

½ rote Zwiebel
¼ Gurke
1 EL Koriander, gehackt
1 EL Baroloessig
2 EL Reisöl
Salz
Pfeffer

AUSSERDEM:

Blätter des Lindenblütentees

Den Matjes 2 Stunden über den Blättern des Lindenblütentees kalt räuchern. In kleine Würfel schneiden.

Zwiebel schälen und würfeln. Gurke schälen und sehr fein schneiden. Zwiebel mit Gurke, Koriander, Essig und Öl vermengen. Den Matjes zugeben. Mit Salz und Pfeffer abschmecken.

- Für 4 Personen

FLEISCHKROKETTEN VOM SCHWEINSFUSS MIT SELBST EINGELEGTEM GEMÜSE

10 Schweinevorderfüße (aus eigener Haltung am leckersten)
1 Handvoll Salz
2 große Möhren
1 Stange Lauch
2 Stangen Sellerie
2 Zwiebeln
1 Knolle Knoblauch
4 Lorbeerblätter
4 Zweige Thymian
4 Salbeiblätter
5 Nelken
5 Wacholderbeeren
1 Stängel Muskatsalbei
10 Liter Wasser
Roux aus Mehl und Butter
Quatre-épices-Gewürzmischung
Muskatblüte
Celery Bitters
Liebstöckelwurzelpulver
Yuzu-Saft
Panko

FLEISCHKROKETTEN VOM SCHWEINSFUSS
Die Schweinefüße über Nacht mit Salz in kaltes Wasser legen. Abspülen und Unreinheiten entfernen.

Möhren, Lauch, Sellerie und Zwiebeln putzen und grob schneiden. Zusammen mit den Schweinefüßen, Knoblauch, Lorbeerblättern, Thymian, Salbei, Nelken, Wacholderbeeren und Muskatsalbei in das Wasser geben. Bis kurz vor den Siedepunkt erhitzen und 4 Stunden ohne Kochen ziehen lassen. Die Füße in der Bouillon etwas abkühlen lassen.

Die Füße herausnehmen und die Knochen entfernen. Bouillon abseihen und einkochen lassen. Mit dem Roux binden.
Das Schweinefleisch zur Sauce geben und mit Quatre-épices, Muskatblüte, einigen Tropfen Celery Bitters, Liebstöckelwurzelpulver und Yuzu-Saft würzen.

Einen tiefen Teller mit Frischhaltefolie auslegen und die Masse hineingießen. Die Lage muss ca. 3 cm dick sein. Über Nacht im Kühlschrank steif werden lassen.

Aus der Masse Vierecke schneiden und mit Panko panieren. Die Kroketten 5 Minuten frittieren und mit einem Salat aus Rucola, Tomaten, süßsaurem Gemüse, eingelegten Gurken, Silberzwiebeln und Senfmayonnaise (s. folgende Seiten) servieren.

SÜSSSAURES GEMÜSE

150 g Rohrzucker
1 EL schwarze Pfefferkörner
1 EL Korianderkapseln
1 Zimtstange
Thymian
Lorbeerblätter
450 ml Bärenklauessig (s. Rezept auf Seite 327)
650 g rote Spargelbohnen

AUSSERDEM:
1 Einmachglas (1 l)

Rohrzucker, Pfeffer, Koriander, Zimt, Thymian und Lorbeerblätter mit dem Essig aufkochen.
Die Bohnen in ein Einmachglas geben und den süßsauren Essig darübergießen. Glas gut verschließen und mindestens 2 Monate vor Gebrauch in den Keller stellen.

EINGELEGTE GURKEN

150 g Zucker
1 EL Nelken
2 EL Senfsamen
2 rote Chilischoten
1 EL Wacholderbeeren
450 ml Rainfarnessig
650 g kleine frische Gurken aus dem Gemüsegarten

AUSSERDEM:
1 Einmachglas (1 l)

Zucker, Nelken, Senfsamen, Chilis und Wacholderbeeren mit dem Essig aufkochen.
Die Gurken in ein Glas geben und den Essig darübergießen. Glas gut verschließen und mindestens 2 Monate vor Gebrauch in den Keller stellen.

SILBERZWIEBELN

150 g Rohrzucker
1 EL schwarze Senfsamen
1 rote Chilischote
6 Lorbeerblätter
4 Zweige Rosmarin
4 Nelken
2 Stängel Oregano
450 ml Apfelessig
650 g Silberzwiebeln

AUSSERDEM:
1 Einmachglas (1 l)

Zucker, Senfsamen, Chili, Lorbeerblätter, Rosmarin, Nelken und Oregano mit dem Essig aufkochen.
Silberzwiebeln putzen, in ein Glas geben und den Essig darübergießen. Glas gut verschließen und mindestens 2 Monate vor Gebrauch in den Keller stellen.

SENFMAYONNAISE

250 g selbst gemachte Mayonnaise
1 EL Savora-Senf
1 EL körniger Tierenteyn-Senf
1 EL Wostyn-Senf aus Torhout

AUSSERDEM:
1 Einmachglas (1 l)

Die Mayonnaise mit den drei Senfsorten mischen.

BEI EINEM MEINER MORGENDLICHEN WALDLÄUFE KAM MIR DIE IDEE ZU DIESEM REZEPT. AM RAND EINER WEIDE ENTDECKTE ICH EINEN FASAN. VOR MEINEM INNEREN AUGE ERSCHIEN DERSELBE FASAN AUF EINEM TELLER, UMGEBEN VON BEILAGEN, DIE ICH IM WALD ODER AUF DER HEIDE FAND. ICH GEBE NICHT ÜBERALL DIE BENÖTIGTEN MENGEN AN. BEI DIESEM REZEPT IST ES WICHTIG, WÄHREND DES KOCHENS ZU PROBIEREN.

- Für 4 Personen

FASAN AM WALDRAND

2 Fasane
2 Stich Butter
Thymian
Lorbeerblätter
Giersch
Mirepoix (Mischung aus in kleine Würfel geschnittenen Möhren, Zwiebeln und Sellerie)
4 Chicorée
1 Zwiebel
Weißwein
Cognac
Fasanenfond
Rosmarin

AUSSERDEM:
Heu

4 Chicorée
Hühnerbouillon
Butter
Zitronensaft

1 Bund Rübchen
Cascara
grobes Meersalz

FASAN

Keulen und Filets von den Karkassen trennen. Die Keulen zusammen mit 1 Stich Butter, Thymian, Lorbeerblättern und Giersch in einen Bratschlauch geben. Bei 58 °C 2 ½ Stunden garen und danach sofort in Eiswasser abkühlen.

Die Karkassen auf ein mit Heu bedecktes Backblech legen. Das Heu anzünden. Mirepoix zugeben und das Fleisch im Ofen weiter bräunen lassen. Die Karkassen mit Wasser bedecken und 12 Stunden ziehen lassen.

Chicorée und Zwiebel putzen und klein schneiden. In etwas Butter anbräunen lassen und mit Weißwein und Cognac ablöschen. Bis zur Hälfte reduzieren, den Fasanenfond zugießen und mit Thymian, Rosmarin und Lorbeerblättern würzen. Die Sauce 12 Stunden bei geringer Hitze eindicken lassen.

CHICORÉE

Chicorée putzen und in etwas Bouillon mit ein wenig Butter und Zitronensaft garen. Den Topf mit Backpapier bedecken und den Deckel auflegen.

DIE RÜBCHEN

Die Rübchen in eine Auflaufform legen und mit Cascara und Meersalz bedecken. Im Josper Grill garen.

ÄPFEL

2 kleine Äpfel
Weißwein
1 Vanilleschote
1 Stängel Minze
1 Stich Butter

Die Äpfel in Weißwein mit der aufgeschnittenen Vanilleschote, Minze und Butter kochen.

BIRNEN

2 Birnen
Rotwein
1 Zimtstange
1 Stück Sternanis
Wacholderbeeren
Rosmarin
Salbei

Die Birnen in Rotwein mit Zimt, Sternanis, Wacholderbeeren, Rosmarin und Salbei kochen.

ZAUN AUS TOPINAMBUR

400 g Topinambur
750 ml Milch
Pfeffer
Salz
Pulver aus der Wurzel des Purpur-Sonnenhuts
Bräunungspulver (Kosmetik)
Iota (15 g/kg)

Topinambur schälen und in der Milch langsam garen. Danach zum weiteren Garen 1 Stunde in den Holzofen stellen.

Mit dem Thermomix pürieren und mit Pfeffer, Salz und dem Pulver aus der Wurzel des Purpur-Sonnenhuts würzen. Mit Bräunungspulver färben. Iota zufügen und auf eine Silikonmatte gießen. Im Gefrierschrank steif werden lassen.

VOGELBEERGELEE

1 kg Vogelbeeren
750 g Gelierzucker
Saft von 1 Zitrone
15 g Umeboshipulver

Zuerst die Vogelbeeren einfrieren, so werden sie süßer.
Beeren zusammen mit Gelierzucker aufkochen. Am Schluss Zitronensaft und Umeboshipulver zufügen. Gelee mixen, abseihen und in fest verschlossenen Gläsern aufbewahren.

ANRICHTEN

Grillöl
Kräutersalz für Wild (s. Rezept auf Seite 112)
Orangenholz
Heidekraut
Wildkräuter wie z. B. Giersch, Vogelmiere, Wiesenklee, Ampfer, Kleiner Sauerampfer, Schafgarbe

Die Fasanenfilets mit Grillöl und Kräutersalz einreiben. Bei mittlerer Temperatur über Orangenholzkohle grillen.
Die Keulen auf etwas Heidekraut legen. Heidekraut anzünden und abdecken.

Mit Wildkräutern abschmecken. Dazu die zwei Sorten Chicorée, ein Rübchen, einen halben Apfel und eine halbe Birne servieren. Aus dem Topinambur einen Zaun formen und das Vogelbeerengelee dazureichen.

- Für 4 Personen

HASENSCHMORTOPF

2 Möhren
2 Stangen Sellerie
1 Stange Lauch
1 Orange
1 Apfel
2 rote Zwiebeln
2 l Rotwein
Wacholderbeeren
Nelken
Thymian
Lorbeerblätter
Rosmarin
Salbei
schwarze Pfefferkörner
4 Vorder- und Hinterläufe vom Hasen

FÜR DEN HASENFOND:
Mirepoix (Mischung aus in kleine Würfel geschnittenen Möhren, Zwiebeln und Sellerie)
1 Knolle Knoblauch
Bohnenkraut
Ysop

Fleischmarinade (s. Rezept auf Seite 90)
Kräutersalz für Wild (s. Rezept auf Seite 112)

1 EL Wostyn-Senf aus Torhout
50 g Butter
1 Stück Zartbitterschokolade

AUSSERDEM:
Olivenholz
Orangenholz

Möhren, Sellerie, Lauch, Orange, Apfel und Zwiebeln klein schneiden. Mit Rotwein übergießen und Wacholderbeeren, Nelken, Thymian, Lorbeerblätter, Rosmarin, Salbei und Pfefferkörner zugeben. Das Fleisch darin 48 Stunden marinieren.

Für den Hasenfond die Karkassen über Olivenholz im Josper Grill bräunen. Zusammen mit Mirepoix, der quer aufgeschnittenen Knoblauchknolle, Bohnenkraut und Ysop in einen Topf geben. Die Marinade darübergießen, bis alles gerade bedeckt ist, und bei geringer Hitze 24 Stunden ziehen lassen. Den Rest der Marinade aufheben.

Die Keulen und Schultern mit Fleischmarinade und Kräutersalz einreiben. Über Orangenholz grillen. Das Fleisch in eine feuerfeste Schale legen, die restliche Marinade zugeben und 8 Stunden in den Holzofen stellen, bis das Fleisch butterzart ist.

Das Fleisch von den Schultern lösen. Zusammen mit Senf, Butter und Schokolade im Thermomix mixen. Die Sauce mit dieser Paste binden und darin die Hasenkeulen aufwärmen. Mit Silberzwiebeln, Waldpilzen und geräuchertem Speck servieren.

- Für 4 Personen

GÄNSELEBER-VARIATIONEN

1 frische Gänseleber

FÜR DIE KRÄUTERMISCHUNG:
200 g grobes Meersalz
40 g Rohrzucker
1 EL Rosmarin, gehackt
2 EL Salbei, gehackt
2 EL Pilzkraut, gehackt
4 Nelken
40 g Wacholderbeeren, zerdrückt

AUSSERDEM:
Zitronenholzschnitzel
Cascara

GERÄUCHERTE GÄNSELEBER

Meersalz, Rohrzucker, Rosmarin, Salbei, Pilzkraut, Nelken und Wacholderbeeren mischen. Die Gänseleber in die Mischung legen und vakuumieren. 24 Stunden lang ruhen lassen.

Die Gänseleber abspülen und 2 Stunden bei maximal 25 °C über Zitronenholzschnitzeln und Cascara kalt räuchern.

Die Leber im Kühlschrank fest werden lassen. Sie ist einige Tage haltbar.

50 g Rohrzucker
50 g Glucose
175 g frische Gänseleber
100 ml australischer Weißwein, lieblich
4 Eigelb
200 ml Sahne

GÄNSELEBER-EIS AM STIEL

Zucker, Glucose und Leber in Wein schmelzen. Alles im Thermomix mixen und durch ein feines Sieb streichen.
Eigelbe und Sahne unterrühren, das Gemisch in den Becher des Pacojets geben und einfrieren. Gewünschte Menge in Eisformen füllen. Einen Stiel hineinstecken und wieder einfrieren.

CRÈME BRÛLÉE VON DER GÄNSELEBER

200 g Gänseleber
200 ml Sahne
100 ml Milch
80 g Eigelb
Salz
Pfeffer
1 Schuss Cognac
brauner Zucker (Cassonade)

Die Gänseleber in Sahne und Milch schmelzen. Das Gemisch mit den Eigelben im Thermomix mixen. Mit Salz, Pfeffer und Cognac abschmecken.
Die Crème abseihen und in Förmchen gießen. In einem Wasserbad bei 100 °C 20 Minuten in den Ofen oder Grill stellen.
Zucker darüberstreuen und mit dem Brenner eine knusprige Schicht erzeugen.

GEGRILLTE GÄNSELEBER

frische Gänseleber
Fleischmarinade (s. Rezept auf Seite 90)
Barbecuesalz

AUSSERDEM:
Rauchkräuter

Die Gänseleber in kleine Stücke schneiden und auf einem Teller einfrieren. Die gefrorenen Stücke mit Fleischmarinade einreiben und mit Barbecuesalz würzen. In einer Grillklemme über Holzkohle und Rauchkräutern grillen.
Die Gänseleber mit Hagebuttenkompott oder Birnen-Chutney servieren (Rezepte s.unten).

HAGEBUTTENKOMPOTT

2 kg Hagebutten
1 Flasche Weißwein
1,4 kg Gelierzucker
Zitronenthymian
Saft von 2 Zitronen
15 g Umeboshipulver

Hagebutten mit Wein, Gelierzucker und Zitronenthymian aufkochen. Nach 20 Minuten Zitronensaft und Umeboshipulver zufügen. Mixen, durch ein Sieb streichen und in fest verschlossenen Gläsern aufbewahren.

BIRNEN-CHUTNEY

200 g Rohrzucker
200 ml Rainfarnessig
1 Zimtstange
1 TL Fenchelsamen
Saft von 1 Zitrone
Zeste von 1 Limette
5 Birnen

Den Zucker mit Essig, Zimt, Fenchelsamen, Zitronensaft und Limettenzeste aufkochen. 1 Stunde bei geringer Hitze ziehen lassen.
Birnen schälen und in kleine Würfel schneiden. Zum Sirup geben. Das Chutney vom Herd nehmen und abkühlen lassen.

CASCARASIRUP

500 ml Wasser
1 kg Zucker
300 g Cascara

Wasser aufkochen und den Zucker darin auflösen. Cascara zugeben. Den Sirup vom Herd nehmen, abkühlen lassen und abseihen. In Dosierflaschen füllen.

- Für 4 Personen

UNSER MECHELNER HUHN

1 Mechelner Huhn, möglichst aus eigener Haltung

AUSSERDEM:
Orangenholz

MECHELNER HUHN

Die Keulen und Filets von der Karkasse schneiden. Flügel und Hals beiseitestellen. Den Magen waschen und die Leber spülen.

1 Riesenporling
getrocknete Maisstängel
Mirepoix (Mischung aus in kleine Würfel geschnittenen Möhren, Zwiebeln und Sellerie)
Ananassalbei
Duftnessel
Zitronenmelisse
Wasser
Pfeffer
Salz
Morcheln
Roux

SAUCE

Den Riesenporling in Scheiben schneiden und im Dörrgerät oder im Ofen bei 50 °C trocknen. Im Thermomix zu Pulver mixen und in einem geschlossenen Gefäß aufbewahren. Dieses Pulver ist ideal als Geschmacksverstärker für zum Beispiel Champignonsaucen und Pasta.

Die Maisstängel klein hacken und in eine feuerfeste Form geben. Stängel anzünden und die Karkasse darauflegen. Das Fleisch im Holzofen auf Orangenholz bräunen lassen.

Die Karkasse mit Mirepoix, Ananassalbei, Duftnessel und Zitronenmelisse in einen Topf geben. Mit Wasser bedecken und 24 Stunden ziehen lassen für eine kräftige Bouillon.

Die Bouillon abseihen und einkochen lassen. Mit Pfeffer, Salz und Riesenporlingpulver würzen.

Die Morcheln in Wasser einweichen. Den Saft zur Sauce geben und mit Roux binden. Die Morcheln klein schneiden und zufügen.

KEULEN

Keulen des Huhns
1 Schuss Olivenöl
Zitronenthymian
Zimtbasilikum
Duftnessel

Ober- und Unterkeule trennen. Das Fleisch zusammen mit Olivenöl, Zitronenthymian, Zimtbasilikum und Duftnessel in einen Beutel geben, vakuumieren und 4 Stunden in ein Warmwasserbad geben. Danach in Eiswasser abkühlen lassen.

FLEISCHKROKETTEN

Flügel, Hals, Magen und Leber des Huhns
1 Zwiebel
1 Möhre
1 Stange Lauch
1 Stange Sellerie
Thymian
Olivenkraut
Lorbeerblätter
Roux
Pfeffer
Salz
Gomasio
2 Blatt Gelatine
Grieß
Panko

Flügel, Hals, Magen und Leber unter fließend kaltem Wasser waschen. In einen Topf geben und mit Wasser bedecken. Die in Stücke geschnittene Zwiebel, Möhre, Lauch und Sellerie zugeben. Thymian, Olivenkraut, Lorbeerblätter zufügen und bei geringer Hitze kochen lassen, bis die Flügel weich sind.

Das Fleisch von den Knochen trennen und in kleine Würfel schneiden. Bouillon abseihen und einkochen lassen. Mit Roux binden und mit Pfeffer, Salz und Gomasio würzen.

Das Fleisch zur Sauce geben. Gelatine in kaltem Wasser einweichen, ausdrücken und zur Sauce geben. Die Masse in eine mit Frischhaltefolie ausgelegte Schale gießen und im Kühlschrank steif werden lassen.

Aus der steifen Masse Kroketten schneiden und mit einer Mischung aus Grieß und Panko panieren.

FILETS UND UNTERKEULEN

Filets und Unterkeulen des Huhns
Fleischmarinade (s. Rezept auf Seite 90)
Pfeffer
Salz

Filets und Unterkeulen mit Fleischmarinade einreiben und mit Pfeffer und Salz würzen. Über Orangenholzkohle grillen.

Da die Mechelner Hühner bei uns unter Nadelbäumen herumlaufen, servieren wir die Unterkeulen auf einem Bett aus angezündeten Tannennadeln.

Oberkeule des Huhns
Maisblätter
1 Handvoll Zitronenholzschnitzel

OBERKEULE

Die Oberkeule in Maisblätter wickeln und mit Zitronenholzschnitzeln in der Holzkohle im Josper Grill garen.

1 kg Holunderbeeren
500 g Zucker
Saft von 1 Zitrone
Rosmarin
Lorbeerblätter
Thymian
frischer Ingwer

HOLUNDERBEERENSIRUP

Die Holunderbeeren mit Zucker, Zitronensaft, Rosmarin, Lorbeerblättern, Thymian und Ingwer aufkochen lassen. Zu einem Sirup einkochen lassen, abseihen und in Dosierflaschen aufbewahren.

ANRICHTEN

Kartoffeln der Sorte Bintje zu Pommes Frites schneiden, dämpfen und abkühlen lassen. In geschmolzenem Ochsenfett von gereiftem Rindfleisch frittieren.

Das Hähnchen mit Pommes Frites, Maiskolben, Gemüse der Saison, Sanddorngelee, Holundersiruppunkten und Zitronenpfefferpopcorn servieren.

- Für 4 Personen

STEAK TATAR VOM RUBIA GALLEGA

720 g mageres Rindfleisch von Rubia-Gallega-Rindern, 5 Wochen gereift
3 EL Mayonnaise
2 EL Ketchup
1 TL Pesto
2 EL Worcestersauce
einige Tropfen geräucherter Tabasco
1 EL Wostyn-Senf aus Torhout
2 EL Schalotten, klein geschnitten
2 Kapern, ausgedrückt
geräuchertes Pyramidensalz
frisch gemahlener Pfeffer
Kopfsalat
Tomaten

Das Fleisch von Hand in kleine Stücke von 4 mm Länge schneiden. Mit Mayonnaise, Ketchup, Pesto, Worcestersauce, Tabasco, Senf, Schalotten und Kapern mischen und mit Pyramidensalz und Pfeffer würzen.

Das Fleisch mithilfe eines Kochrings auf einem Teller anrichten. Mit süßsaurem Gemüse (s. Rezept auf Seite 289), Salat, Tomaten und Pommes Frites, frittiert in zwei Drittel Ochsenfett und einem Drittel Fett von gereiftem Fleisch, servieren.

BOMBAY

FÜR MICH GIBT ES NICHTS SCHÖNERES, ALS MEINE TRÄUME UND FANTASIEN AUF EINEN TELLER ODER IN EIN GLAS ZU ÜBERTRAGEN. MEINE TRÄUMEREIEN HANDELN VON FEUER, ESSEN, NATUR. SIE MACHEN MICH AUS. ICH LIEBE ZUM BEISPIEL „CHURRASCO NA MATA“, WIE „GRILLEN IM WALD“ AUF PORTUGIESISCH HEISST. HINTER MEINEM RESTAURANT LIEGT DER DRONGENGOED-WALD, EIN HERRLICHES, WEITLÄUFIGES STÜCK NATUR, WO WILDE PFLANZEN, PILZE UND KRÄUTER ÜPPIG WACHSEN. DORT FINDE ICH DIE INSPIRATION ZU VIELEN MEINER GERICHTE, SO AUCH ZU DIESEM BESONDEREN COCKTAIL MIT GIN, DER DIE KRAFT UND DIE AROMEN AUS „MEINEM“ WALD ENTHÄLT.

- Für 4 Personen

FANTASIEVOLLER BOMBAY GIN

1 Flasche Bombay Sapphire East
350 g junge Tannennadeln (von den Astspitzen)
1 l neutrales Öl
4 Zitronen
2 Grapefruits
1 Handvoll getrocknete Moosbeeren (nach Möglichkeit von Ali-Import)

AUSSERDEM:
2 Handvoll Jack-Daniel's-Holzschnitzel
Zitronenholzschnitzel

VORBEREITUNGEN

Jack-Daniel's-Holzschnitzel in einer Aluminiumschale mit einem Brenner anzünden, damit die Aromen freigesetzt werden. Bombay Sapphire East darübergießen und 12 Stunden ziehen lassen. Abseihen und den Gin zurück in die Flasche füllen.

Für das Tannennadelöl die Tannennadeln zusammen mit dem Öl in ein Weckglas geben und bei 55 °C 12 Stunden ziehen lassen.

Für den geräucherten Zitronensaft die Zitronen und Grapefruits längs durchschneiden und über Holzkohle und in Wasser eingeweichten Zitronenholzschnitzeln grillen. Den Saft auspressen und einige Stücke als Garnitur beiseitestellen. Den Saft durch ein Tuch abseihen und in einer Eiswürfelform einfrieren oder zu einem großen Block gefrieren und später in Stücke hacken.

Die Moosbeeren auf einem perforierten Grillteller über Holzkohle und Zitronenholzschnitzeln grillen.

30 g schwarze Pfefferkörner
1 Stängel Zitronengras
30 g Wacholderbeeren
Abrieb von 1 Bio-Zitrone
30 g Korianderkapseln
30 g Mandeln, geröstet
60 g getrocknete Moosbeeren
30 g Rauchkräuter
1 Cassia-Zimtstange
1 Stück Süßholz
10 g Nelken
1 Rinderfilet oder Entrecote

CARPACCIO MIT GEWÜRZEN

Alle Gewürze grob in einem Mörser mischen. Filet oder Entrecote damit einreiben und vakuumieren. Etwas von der Mischung für den Gin beiseitestellen.

Das Fleisch 4 Tage im Kühlschrank ziehen lassen und dann kurz über Holzkohle mit in Bombay Gin eingeweichten Jack-Daniel's-Schnitzeln grillen. Das Fleisch muss noch roh sein, aber einen Grillgeschmack haben. Abkühlen lassen und einfrieren, um später dünne Carpaccio-Scheiben davon abschneiden zu können.

1 Süßholzstab
1 Zweig Rosmarin
1 Stängel Zitronengras
junge Tannennadeln (von den Astspitzen)
Carpaccio (s. oben)
schwarzer Pfeffer
gegrillter Zitronensaft (s. oben)
Eiswürfel

COCKTAIL

Süßholzstab, Rosmarin und Zitronengras zusammenbinden. Die jungen Tannennadeln bereitlegen.

Eine Scheibe Carpaccio auf einen Teller legen und mit Pfeffer und einigen Tropfen gegrilltem Zitronensaft würzen. Zum Cocktail servieren.

Ein Glas mit Eiswürfeln und 1 Eiswürfel aus gefrorenem Zitronensaft füllen.

Shaker mit der übrigen Gewürzmischung füllen und anzünden. Die Eiswürfel zugeben und mit 5 cl des geräucherten Bombay Sapphire East shaken. In ein Glas sieben.

Einige geröstete Moosbeeren, etwas gegrillte Zitrone, junge Tannennadeln und einige Tropfen Tannennadelöl zufügen. Das Süßholzbündel in das Glas geben und anzünden.

Das Glas servieren und erst am Tisch das Bündel umdrehen, sodass die Aromen beim Rühren noch verstärkt werden.
Mit Fever-Tree Tonic servieren.

TIPP

_ Das Carpaccio zu dünnen Spiralen drehen, wieder einfrieren und an das Glas hängen.

DIES IST DAS ULTIMATIVE GERICHT VON FÜNFUNDZWANZIG JAHREN ELCKERLIJC. ALLE GESCHMÄCKE, GERÜCHE UND TECHNIKEN, DIE ICH IN MEINEM GEMÜSEGARTEN, AUF MEINEN REISEN, IN DEN FELDERN UND WÄLDERN RUND UM DAS RESTAURANT ... FINDEN KONNTE, SIND HIERIN VEREINT.

IN ALL SEINER EINFACHHEIT IST ES EIN GROSSARTIGES GERICHT. BESONDERS WIRD ES DURCH DIE ZUBEREITUNGSTECHNIKEN. DURCH JAHRELANGE ERFAHRUNG WEISS ICH NUN, WIE MAN EIN BESTIMMTES STÜCK FLEISCH MIT DEN AROMEN VON VERSCHIEDENEN HOLZSORTEN KOMBINIERT. SO PASSEN SPANISCHE FLEISCHSORTEN AM BESTEN ZU OLIVENSTEINEN. ITALIENISCHES FLEISCH BEVORZUGT ZITRONENHOLZSCHNITZEL, ENGLISCHES FLEISCH EHER SCHNITZEL VON JACK-DANIEL'S-FÄSSERN UND FRANZÖSISCHES FLEISCH WEINREBEN. SPANNEND, WIE SICH DIE KULTUR EINES VOLKES DARIN WIEDERFINDET.

AUCH FÜR DAS GEMÜSE, DAS WIR ZUM FLEISCH SERVIEREN, ÜBERLEGTEN WIR UNS BESONDERE TECHNIKEN. ROTE BETEN WERDEN ZUR DELIKATESSE, WENN MAN SIE IN GROBEM MEERSALZ MIT OLIVENSTEINEN GART. RÜBEN WERDEN VEREDELT, INDEM SIE MIT CASCARA IM HOLZOFEN ZUBEREITET WERDEN. MÖHREN UND PASTINAKEN BEKOMMEN DURCH DAS GAREN IN DER ASCHE VON HOLZKOHLE EINEN UNVERWECHSELBAREN GESCHMACK. JEDER TELLER ERHÄLT DADURCH EINE GANZ EIGENE GESCHMACKSPALETTE.

- Für 4 Personen

GEREIFTES FLEISCH MIT GEMÜSE DER SAISON

2 Roastbeefscheiben von Aubrac-Rindern, 4 Wochen gereift
hochwertiges Olivenöl „Pietradolce“ aus Sizilien
geräuchertes Pyramidensalz
frisch gemahlener schwarzer Pfeffer
Blätter des Speckbaums aus Südafrika (können auch durch einheimische Kräuter ersetzt werden, z. B. Rosmarin)

AUSSERDEM:
Olivenholz

VORBEREITUNGEN

Das Fleisch mit Olivenöl einreiben und mit Pyramidensalz und Pfeffer würzen. Je nach gewünschtem Garzustand das Fleisch über Holzkohle aus Olivenholz grillen. Das Fleisch mit einer Mischung aus Olivenöl und zerdrückten Blättern des Speckbaums, Rosmarin oder anderen Kräutern einreiben.

Roastbeef mit saisonalem Gemüse aus dem Gemüsegarten servieren, wie zum Beispiel Rübchen, Rote Beten, Palmkohl, Rettich, Pastinake, Schwarzwurzel oder Petersilienwurzel (Rezepte s. unten).

BÄRENKLAUESSIG

Im Sommer wächst der Bärenklau am Waldrand besonders üppig. Ich pflücke ihn, wenn die Blüten Samen tragen und lege ihn 3 Monate in Essig ein. Die Samen können geröstet auch zum Salat gegeben oder als Gewürz für gegrilltes Fleisch verwendet werden.

SÜSSSAURER RETTICH

1 Rettich
100 ml Bärenklauessig
100 ml Wasser
500 ml Olivenöl
50 g Zucker

Rettich schälen und mit einer Reibe in hauchdünne Scheiben schneiden. Essig mit Wasser und Olivenöl aufkochen, Zucker darin auflösen. Das Gemisch über den Rettich geben und ziehen lassen.

RÜBCHEN

grobes Meersalz
Cascara
Rübchen

Meersalz und Cascara zu gleichen Teilen in eine feuerfeste Schale geben. Die Rübchen hineinstecken und 1 Stunde in den Josper Grill stellen und danach in der Schale abkühlen lassen.

ROTE BETEN

grobes Meersalz
Olivenkerne
Rote Beten

Meersalz und Olivenkerne zu gleichen Teilen in eine feuerfeste Schale geben. Die Roten Beten hineinstecken und 1 Stunde in den Josper Grill stellen und danach in der Schale abkühlen lassen.

PASTINAKEN UND PETERSILIENWURZELN

Pastinaken
Milch
Sahne
Hühnerbouillon
Muskatblüte
Pfeffer
Salz
Petersilienwurzeln

Die Pastinaken zwischen Olivenholzkohle garen. Die schwarze Schale entfernen und im Thermomix zu einer Creme verarbeiten. Milch, Sahne und Bouillon zugießen und mit Muskatblüte, Pfeffer und Salz abschmecken.

Die Petersilienwurzeln auf die gleiche Weise zubereiten.

SCHWARZWURZELN

Schwarzwurzeln
Olivenöl

Die Schwarzwurzeln ungeschält im Holzofen garen. Abkühlen lassen und Haut entfernen. Mit Olivenöl einreiben und kurz vor dem Servieren über heißer Holzkohle grillen.

/ NACHSPEISEN

N

IM RESTAURANT ELCKERLIJC SERVIEREN WIR NACHSPEISEN als Kombination aus vielen Einzelgerichten auf einem Teller. Natürlich können die einzelnen Bestandteile auch für sich zubereitet werden.

- Für 4 Personen

DESSERT MIT APFEL

KOUIGN AMANN

12 g Butter
250 g Mehl
1 Prise Fleur de Sel
5 g Hefe
150 ml Wasser
225 g Ziehmargarine
225 g Zucker
50 g Zimt
1 Eigelb

Die Butter mit Mehl, Fleur de Sel, Hefe und Wasser zu einem Teig kneten. 1 Stunde gehen lassen.

Den Ofen auf 180 °C vorheizen.

Den Teig mit Ziehmargarine bestreichen, ca. 1 m lang ausrollen und von beiden Seiten einschlagen. Um 90 Grad drehen. Den Vorgang dreimal wiederholen.
Teig ein letztes Mal ausrollen und mit Zucker und Zimt bestreuen. Fest aufrollen und in Scheiben schneiden.
Die Scheiben ausrollen und mit verquirltem Eigelb bestreichen. Auf ein Backbleck legen und auf der mittleren Schiene 6 Minuten backen.

KARAMELLEIS

250 g Zucker
500 ml Milch
1 TL Fleur de Sel
2 Tonkabohnen, fein gemahlen
5 Eigelb

Zucker karamellisieren lassen und mit Milch ablöschen. Fleur de Sel und Tonkabohnen zugeben und kurz aufkochen lassen.
Eigelbe schaumig schlagen und zufügen. Die Karamellmilch zum Binden auf 80 °C erhitzen.
In einen Pacojet-Becher gießen und einfrieren. Den gefrorenen Inhalt mit dem Gerät zu Eis verarbeiten.

APFELKOMPOTT

5 Äpfel
100 g gesalzene Butter
100 g brauner Zucker (Cassonade)
Zimt, nach Belieben
Vanille, nach Belieben
10 g Agar-Agar
1 Schuss Calvados

Äpfel schälen, entkernen und in kleine Würfel schneiden. In Butter anschwitzen und Zucker zugeben. Nach Belieben mit Zimt und Vanille abschmecken. Agar-Agar zufügen und die karamellisierenden Äpfel mit Calvados ablöschen.
Das Kompott in Silikonformen gießen und abkühlen lassen.

POCHIERTE ROTE ÄPFEL

6 Äpfel (z. B. Jonagold)
1 TL Honig
2 Vanilleschoten
1 Zimtstange
1 Stück Sternanis
1 Nelke
Vanilleessig

Die Äpfel horizontal durchschneiden und mit Honig, aufgeschnittenen Vanilleschoten, Zimt, Sternanis, Nelke und etwas Vanilleessig in einen hitzebeständigen Vakuumbeutel geben. Beutel vakuumieren und die Äpfel bei 90 °C 4 Minuten im Dampfgarer garen.

KNUSPERAPFEL

2 – 4 rote Äpfel
50 g Wasser
50 g Zucker
50 g Zitronensaft

Die Äpfel in hauchdünne Scheiben schneiden.
Wasser mit Zucker und Zitronensaft vermischen. Die Apfelscheiben damit bestreichen und bei 60 °C im Ofen über Nacht trocknen lassen.

ESPUMA VON CRÈME D'ISIGNY

250 g Crème d'Isigny
250 g Milch
7 g Pro Espuma
5 g Agar-Agar

Crème d'Isigny mit Milch, Pro Espuma und Agar-Agar mischen. In eine Espuma-Flasche mit Gaspatrone gießen.

GEL VON GRÜNEN ÄPFELN UND CIDER

500 ml Cider
500 ml Saft von Granny-Smith-Äpfeln
9 g Kappa
5 g Agar-Agar

Cider und den Saft der grünen Äpfel zusammen mit Kappa und Agar-Agar aufkochen. Die Masse in einen tiefen Teller gießen und im Kühlschrank fest werden lassen. Im Thermomix zu einem Gel verarbeiten.

APFEL-INGWER-SORBET

900 g Apfelmus von roten Äpfeln (mit Schale)
1 Stück Ingwer (1 cm), geraspelt
380 g Zucker
120 g Glucose
5 g Stabilisator
10 g Agar-Agar

Apfelmus mit Ingwer, Zucker, Glucose, Stabilisator und Agar-Agar aufkochen. Die Masse in einen Pacojet-Becher gießen. Zu Eis verarbeiten, sobald der Inhalt gefroren ist und in Formen geben.

- Für 4 Personen

DESSERT MIT ERDBEERE

ERDBEERGEL

1 l Erdbeercoulis
1,3 g Agar-Agar
20 g Kappa
1 Schuss Vanilleessig

Erdbeercoulis mit Agar-Agar, Kappa und Vanilleessig aufkochen. Die Masse in einen tiefen Teller gießen und im Kühlschrank fest werden lassen. Im Thermomix zu einem Gel verarbeiten.

CREMEKUGEL VON DER LIMETTE

150 g Limettencoulis
60 g Ei
50 g Zucker
5,2 g Agar-Agar
100 g Butter
schwarzer Pfeffer, nach Belieben

Limettencoulis mit Ei, Zucker und Agar-Agar im Thermomix 15 Minuten bei 80 °C auf Stufe 2 mixen. Butter zufügen und noch weitere 20 Minuten mixen. Nach Belieben etwas schwarzen Pfeffer zugeben.

PULVER VON WEISSER SCHOKOLADE

80 g weiße Schokolade
100 g Malto
schwarzer Pfeffer, nach Belieben

Die Schokolade in Stücke brechen, in den Thermomix geben und auf 40 °C erwärmen. Mit Malto vermischen und noch einige Minuten mixen. Nach Belieben etwas schwarzen Pfeffer zugeben.

ERDBEERSORBET

1 l Erdbeercoulis
300 g Zucker
100 g Glucose
5 g Stabilisator

Erdbeercoulis mit Zucker, Glucose und Stabilisator aufkochen. Das Gemisch auf drei Pacojet-Becher aufteilen und einfrieren. Zu Eis mixen, sobald der Inhalt gefroren ist.

ESPUMA VOM ZIEGENKÄSE

300 g Sahne (20 % Fettgehalt)
280 g Ziegenkäse
20 g Pro Espuma

Sahne mit Ziegenkäse und Pro Espuma mischen. In eine Espuma-Flasche mit einer Gaspatrone gießen.

JOCONDE-BISKUIT

220 g Ei
220 g gemahlene Mandeln
175 g feiner Zucker
100 g Eiweiß
125 g Zucker
100 g Mehl

Den Ofen auf 200 °C vorheizen.
Das Ei mit Mandeln und feinem Zucker vermischen. Eiweiße mit Zucker steif schlagen und unter die Ei-Mandel-Masse heben.
Das Mehl ebenfalls vorsichtig unter die Masse heben. Den Biskuit bei 200 °C 10 Minuten backen.

ERDBEER-CRUMBLE

225 g Butter
140 g Zucker
70 g Erdbeerpulver
1 TL Fleur de Sel
250 g Mehl

Den Ofen auf 180 °C vorheizen.
Butter mit Zucker schaumig rühren. Erdbeerpulver, Fleur de Sel und Mehl zufügen und zu einer homogenen Masse vermengen.
Das Gemisch auf eine Silikonmatte geben und bei 180 °C 15 Minuten backen. Abkühlen lassen und zu Crumble brechen.

NAPOLEON-KROKANT

1 Tüte gelbe Napoleon-Bonbons

Den Ofen auf 180 °C vorheizen. Die Bonbons zu einem feinen Pulver mahlen. Pulver auf einer Silikonmatte verteilen und bei 180 °C 6 Minuten backen. Die Platte in große Stücke brechen.

ANRICHTEN

Den Dessertteller mit frisch gemahlenem schwarzen Pfeffer, frischen Erdbeeren und einigen Stängeln Minze anrichten.

- Für 4 Personen

DESSERT MIT KIRSCHE

TUILE VON DER KIRSCHE

- 20 g gefriergetrocknete Kirschen
- 100 g Butter
- 100 g Puderzucker
- 100 g Eiweiß
- 100 g Mehl

Den Ofen auf 150 °C vorheizen.
Kirschen im Thermomix zu Pulver mahlen.
Butter schmelzen und Puderzucker, Eiweiße und Mehl zugeben.
Zum Schluss das Kirschpulver untermischen. Bei 150 °C 18 Minuten backen.

KIRSCH-CRUMBLE

- 200 g Laktose
- 200 g Kirschsaft

Die Laktose mit dem Kirschsaft so lange erhitzen, bis sich Krümel bilden.

KIRSCHPARFAIT

- ½ Vanilleschote
- 50 g Wasser
- Saft von 1 Zitrone
- 170 g Puderzucker
- 4 Eigelb
- 450 g Sahne
- 250 g Kirschcoulis

Die Vanilleschote längs aufschneiden und das Mark herauskratzen. Mit Wasser, Zitronensaft und Puderzucker in den Thermomix geben. Die Masse auf Stufe 3 bei 100 °C 6 Minuten mixen. Den Mixtopf 10 Minuten in Eiswasser stellen.
Die Eigelbe zur Masse geben und auf Stufe 6 bei 100 °C 5 Minuten luftig aufschlagen. Danach auf Stufe 5 noch 5 Minuten ohne Hitze schlagen.
Zuletzt die Sahne steif schlagen. Zusammen mit der Kirschcoulis vorsichtig unter die Masse heben.
Das Parfait in einen Spritzbeutel füllen und im Kühlschrank lagern.

SCHOKOLADENBISKUIT

240 g Eigelb
375 g Zucker
300 g Eiweiß
110 g Kakao

Den Ofen auf 200 °C vorheizen.
Die Eigelbe mit der Hälfte des Zuckers schaumig rühren. Eiweiße mit dem restlichen Zucker steif schlagen. Eigelb- und Eiweiß-Mischungen untereinander heben. Zuletzt das Kakaopulver zufügen. Den Biskuit bei 200 °C 10 Minuten backen.

ORGEAT-CREME

200 g Sahne
20 g Orgeat-Sirup

Die Sahne mit dem Sirup halbfest schlagen.

WEISSER SCHOKOLADENFELS

100 g Mycryo-Pulver
400 g weiße Schokolade

Das Mycryo-Pulver schmelzen und die geschmolzene Schokolade zugeben. Das Gemisch in eine Espuma-Flasche mit zwei Gaspatronen füllen. Die Schokolade auf einen Teller spritzen und in der Vakuummaschine aushärten lassen.

KIRSCHGEL

1 l Kirschsaft
5 g Agar-Agar
12 g Kappa

Kirschsaft mit Agar-Agar und Kappa aufkochen. Das Gemisch auf einen Teller gießen und im Kühlschrank aushärten lassen.
Im Thermomix zu Gel mahlen.

SCHOKOLADENGANACHE

600 g Sahne
20 g Invertzucker
210 g Kuvertüre (80% Kakaoanteil)

Ein Drittel der Sahne mit dem Invertzucker kochen. Die in Stücke gebrochene Schokolade damit übergießen. Den Rest der Sahne zufügen und abkühlen lassen.
Die Masse vor dem Servieren aufschlagen.

- Für 4 Personen

DESSERT MIT CUBERDONS

ESPUMA VON CUBERDONS

250 g Milch
250 g Sahne
12 g Agar-Agar
15 g Kirschkonzentrat
80 g Cuberdonsirup

Milch mit Sahne und Agar-Agar aufkochen. Kirschkonzentrat und Cuberdonsirup zufügen.
Das Gemisch in eine Espuma-Flasche mit zwei Gaspatronen geben.

GELEE VON JOGHURT UND BUTTERMILCH

200 g Milch
600 g Buttermilch
5 g Agar-Agar
200 g Joghurt

Milch und Buttermilch mit Agar-Agar aufkochen. Joghurt zufügen. Steif werden lassen.

CUBERDON-EIS

500 g Joghurt
120 g Glucose
380 g Cuberdonsirup

Joghurt mit Glucose und Cuberdonsirup vermengen. Das Gemisch in einen Pacojet-Becher geben, einfrieren und die gewünschte Menge herausdrehen lassen.

GEEISTE KIRSCHE

- 1 l Kirschcoulis
- 380 g Zucker
- 120 g Glucose
- 15 g Agar-Agar

Kirschcoulis mit Zucker, Glucose und Agar-Agar aufkochen. Das Gemisch in einen Pacojet-Becher geben, einfrieren, die gewünschte Menge herausdrehen lassen und das Sorbet in runde Silikonformen geben.

JOGHURTPARFAIT

- 100 g Wasser
- 125 g Zucker
- 150 g Eigelb
- 300 g Joghurt
- 5,3 g Agar-Agar
- 250 g Sahne

Wasser mit Zucker und Eigelben vermischen und auf 80 °C erhitzen. Joghurt und Agar-Agar untermischen. Die Sahne halbfest schlagen und vorsichtig unter das Gemisch heben.

CUBERDON-CRUMBLE

- 200 g Laktose
- 200 g Cuberdonsirup
- 200 g Knuspermüsli
- 50 g gezuckerte Veilchenblätter

Bei geringer Hitze Laktose und Cuberdonsirup mischen und austrocknen lassen, bis Krümel entstehen.
Müsli kurz im Thermomix schlagen. Mit den Krümeln und Veilchenblättern mischen.

BAYERISCHE CREME VON CUBERDONS

- 500 g Cuberdonsirup
- 175 g Zucker
- 75 g Zitronensaft
- 20 g Agar-Agar
- 850 g Sahne

Sirup mit 75 g Zucker, Zitronensaft und Agar-Agar mischen. Abkühlen lassen. Sahne mit dem restlichen Zucker halbfest schlagen und vorsichtig unter die Cuberdonmasse heben. Im Kühlschrank steif werden lassen.

ANRICHTEN

Mit einigen Cuberdons, Beeren, einem Stängel Zimtbasilikum und Cuberdonsirup servieren.

- Für 4 Personen

DESSERT MIT SCHOKOLADE

400 g Eiweiß
400 g Zucker
600 g Kuvertüre
1 l Sahne

SCHOKOLADENMOUSSE

Eiweiße mit Zucker schaumig schlagen. Schokolade schmelzen. Sahne halbfest schlagen. Schokolade unter die Sahne rühren und vorsichtig die Eiweiß-Mischung unterheben.

200 g Fondantzucker
100 g Glucose
100 g Isomalt
25 g Kakaopulver

SCHOKOLADENKROKANT

Fondantzucker mit Glucose und Isomaltkörnern auf 165 °C erhitzen. Vom Herd nehmen und Kakaopulver unterrühren. Auf Silikonmatten abkühlen lassen.

500 g Butter
500 g Zucker
750 g Kuvertüre
10 Eier
200 g Mehl
250 g gemahlene Haselnüsse

BROWNIE

Den Ofen auf 180 °C vorheizen.
Butter mit Zucker schlagen. Geschmolzene Schokolade zufügen. Die Eier nach und nach zur Masse geben. Zum Schluss Mehl und Haselnüsse unterrühren.
Den Brownie 20 Minuten bei 180 °C backen.

5 Orangen
1 l Wasser
400 g Zucker
1 Vanilleschote
2 Stück Sternanis
3 Nelken
2 Kardamomsamen
2 Zimtstangen

ORANGENFILETS

Orangen filetieren. Wasser mit Zucker, aufgeschnittener Vanilleschote, Sternanis, Nelken, Kardamomsamen und Zimtstangen aufkochen. Die Orangenfilets pochieren.

ORANGENGEL

- 1 l frisch gepresster Orangensaft
- 5 g Agar-Agar
- 9 g Kappa

Orangensaft mit Agar-Agar und Kappa aufkochen. Die Masse in einen tiefen Teller gießen und im Kühlschrank fest werden lassen. Im Thermomix zu einem Gel mahlen.

ORANGENPARFAIT

- ½ Vanilleschote
- 50 g Wasser
- Saft von 1 Zitrone
- 170 g Puderzucker
- 4 Eigelb
- 450 g Sahne
- 250 g Orangensaft

Die Vanilleschote längs aufschneiden, das Mark herauskratzen und zusammen mit Wasser, Zitronensaft und Puderzucker in den Thermomix geben. Die Masse 6 Minuten bei 100 °C auf Stufe 3 mixen. Den Mixtopf danach sofort in Eiswasser stellen.

Die Eigelbe zur Masse geben und auf Stufe 6 bei 80 °C 5 Minuten luftig aufschlagen. Danach auf Stufe 5 noch 5 Minuten ohne Hitze aufschlagen.

Zuletzt die Sahne halbfest schlagen. Zusammen mit dem Orangensaft vorsichtig unter die Masse heben.

Das Parfait in einen Spritzbeutel füllen und im Kühlschrank lagern.

EARL-GREY-CRUMBLE

- 200 g Butter
- 20 g Earl Grey
- 20 g Zucker
- 50 g Kuvertüre
- 200 g Mehl
- 150 g gemahlene Mandeln
- Fleur de Sel

Den Ofen auf 120 °C vorheizen.

Die Butter schmelzen und den Tee darin ziehen lassen. Butter mit Zucker und geschmolzener Schokolade mischen. Mehl, Mandeln und Fleur de Sel zufügen.

Den Teig auf einem Backblech ausrollen und 20 Minuten bei 120 °C backen. Aus dem Ofen nehmen und abkühlen lassen. Vorgang zweimal wiederholen, insgesamt wird der Teig dreimal gebacken. Im Thermomix grob zu Crumble zerkleinern.

EARL-GREY-GANACHE

- 150 g Sahne
- 20 g Earl Grey
- 200 g Kuvertüre
- 100 g weiße Schokolade

Sahne zusammen mit dem Tee aufkochen. Schokolade in Stücke brechen. Sahne durch ein Sieb über die Schokolade gießen und rühren, bis die Schokolade geschmolzen ist. Die Masse auf einen Teller gießen und steif werden lassen.

- Für 4 Personen

DESSERT MIT BIRNEN

POCHIERTE BIRNE

6 kleine Birnen
2 l Wasser
1 l Limettensaft
200 g Zucker
Zitronengras

Birnen schälen. Wasser mit Limettensaft, Zucker und Zitronengras aufkochen und die Birnen darin 10 Minuten kochen. Topf vom Herd nehmen und die Birnen im Wasser lassen.

CRÉMEUX MIT SCHOKOLADE UND KALAMANSI

200 g Kalamansisaft*
100 g Ei
50 g Zucker
1 Blatt Gelatine
100 g Butter
100 g Kuvertüre, in Stücken

Saft, Ei und Zucker in den Mixtopf des Thermomix geben und bei 80 °C 15 Minuten auf Stufe 2 rühren. Zum Ende der Rührzeit die eingeweichte Gelatine, Butter und Schokolade zugeben. Noch kurz auf höherer Stufe zu einer Crémeux schlagen.

* Kleine Zitronen des Kalamansibaums

ZITRONENKEKSE

125 g Butter
55 g Zucker
Abrieb von 1 Bio-Zitrone
180 g Mehl
Fleur de Sel

Den Ofen auf 180 °C vorheizen.
Butter mit Zucker und Zitronenabrieb schaumig rühren. Mehl und Fleur de Sel zufügen und zu einem geschmeidigen Teig verarbeiten. In Form bringen und die Kekse 10 Minuten bei 180 °C backen.

BIRNENKAVIAR

1 l Birnensaft
5 g Algin
Wasserbad (1 l) mit 10 g Calcic

Birnensaft und Algin mischen. Den Saft mithilfe einer Spritze tröpfchenweise ins Calcicbad geben.

SCHMETTERLINGSKROKANT

100 g Butter
100 g Puderzucker
100 g Mehl
100 g Eiweiß
20 g Birnenkonzentrat
goldener Farbstoff

Den Ofen auf 150 °C vorheizen.
Butter schmelzen und mit Puderzucker, Mehl, Eiweißen, Birnenkonzentrat und Farbstoff mischen. Den Teig auf einer Silikonmatte mit Schmetterlingsformen ausrollen. Den Krokant 15 Minuten bei 150 °C backen.

BRUNOISE VON DER BIRNE MIT GRÜNEN KRÄUTERN

4 Birnen
Salbei
Minze
Zitronenmelisse
1 Schuss Limettensaft

Birnen schälen, entkernen und in kleine Würfel schneiden.
Salbei, Minze und Zitronenmelisse aufrollen und fein hacken. Die Birnenwürfel mit Limettensaft und Kräutern mischen.

SCHOKOLADENFELS

100 g Mycryo-Pulver
400 g Kuvertüre

Mycryo-Pulver schmelzen und die in Stücke gebrochene Schokolade zugeben. Das Gemisch in eine Espuma-Flasche mit zwei Gaspatronen füllen. Die Schokolade auf einen Teller spritzen und in der Vakuummaschine aushärten lassen.

BIRNENGEL

1 l Birnensaft
20 ml Poire Williams
5 g Agar-Agar
9 g Kappa

Birnensaft mit Poire Williams, Agar-Agar und Kappa aufkochen.
Die Masse in einen tiefen Teller gießen und im Kühlschrank fest werden lassen. Im Thermomix zu einem Gel mahlen.

BIRNENSORBET MIT SALBEI

1 l Birnencoulis
380 g Zucker
120 g Glucose
5 g Stabilisator
einige Salbeiblätter

Birnencoulis mit Zucker, Glucose, Stabilisator und Salbei aufkochen. In einen Pacojet-Becher gießen und einfrieren.
Den gefrorenen Inhalt mit dem Gerät zu Sorbet verarbeiten.

DANKSAGUNG

AUCH WENN ES ABGEDROSCHEN KLINGT: DIE VERGANGENEN FÜNFUNDZWANZIG JAHRE SIND NUR SO VORBEIGEFLOGEN. Es kommt mir wie gestern vor, dass mein Schwiegervater, Annouk und ich ein einfaches Grillrestaurant eröffneten, in dem wir ausschließlich Roastbeef und Scampi servierten – zubereitet nach den Regeln der Grillkunst.
In der Zwischenzeit ist viel geschehen und das Elckerlijc hat sich sehr verändert. Und doch sind wir uns treu geblieben und servieren immer noch ehrliche Gerichte, die wir fast ausschließlich auf einem unserer großen Grills zubereiten.

Mir ist bewusst, dass ich im Leben viel Glück gehabt habe und dass ich dieses Jubiläum nur dank der Unterstützung und Hilfe meiner Lieben feiern kann.

An erster Stelle steht da natürlich mein Schwiegervater, Alex Van Landschoot, ohne den ich meinen Traum sicher niemals hätte wahrmachen können. Er ist leider nicht mehr unter uns, aber im Elckerlijc lebt er weiter.

Meine Frau Annouk ist die tragende Säule von allem. Sie hat in all den Jahren Freud und Leid mit mir geteilt. Und vor allem war sie es, die mich mit beiden Beinen auf dem Boden hielt, als ich anfing zu träumen. Ohne sie wäre es mir niemals geglückt.

Naomi, Axelle und Noa sind die drei besten Gründe, um durchzuhalten und noch besser zu werden. Sie sind mein Leben und ohne sie wäre ich nicht ich.

Zu guter Letzt sind dort auch noch meine treuen Mitarbeiter im Restaurant und auf der Elckerlijc Farm. Weil sie zusammen mit mir jeden Tag aufs Neue voller Enthusiasmus an die Arbeit gehen, bleibt das Elckerlijc so erfolgreich.

In den letzten fünfundzwanzig Jahren bin ich ein glücklicher Mann geworden. Mit den Rezepten in diesem schönen Jubiläumsbuch teile ich gerne meine Erfahrungen mit Ihnen, liebe Leser.

Peter De Clercq

Diesel Industry

Vielen Dank an Dominique Gelis für die schönen Teller.

Die Originalausgabe mit dem Titel *BBQ De outdoor cooking bijbel* ist 2015 bei Uitgeverij Lannoo nv. in niederländischer Sprache erschienen.
www.lannoo.com

5 4 3 2 1 21 20 19 18 17
978-3-88117-133-5

Übersetzung: Kordula Witjes
Redaktion: Franziska Grünewald
Satz: Helene Hillebrand

in der Coppenrath Verlag GmbH und Co. KG,
Hafenweg 30, 48155 Münster, Germany

www.hoelker-verlag.de